LES LOUSTICS 1

Fichier ressources

A1.1

Hugues Denisot – Marianne Capouet

hachette
FRANÇAIS LANGUE ÉTRANGÈRE

Conception graphique de la couverture : Christophe Roger
Conception graphique et mise en pages : Sylvaine Collart et Marion Fernagut
Illustrations : Florence Langlois

ISBN : 978-2-01-155910-4

58, rue Jean Bleuzen, CS 70007, 92178 Vanves Cedex, France.

http://www.hachettefle.fr

Nous avons fait tout notre possible pour obtenir les autorisations de reproduction des textes et documents publiés dans cet ouvrage. Dans le cas où des omissions ou des erreurs se seraient glissées dans nos références, nous y remédierons dans les éditions à venir.

Sommaire

LES LOUSTICS 1

Vous pouvez, si cela vous semble plus facile pour l'utilisation de ce fichier, reclasser les feuilles, une fois détachées, par unité ou dans l'ordre de votre choix.

Introduction

Ce fichier ressources a été conçu pour vous aider à dynamiser, à diversifier et à différencier votre enseignement du français langue étrangère avec la méthode *Les Loustics*, niveau 1. Vous pouvez également utiliser les fiches indépendamment d'une méthode ou en accompagnement d'autres méthodes pour enfants.

Il a été élaboré pour vous aider dans la préparation de vos cours, vous fournir des supports facilitateurs pour certaines activités proposées dans le livre de l'élève et vous en suggérer de nouvelles.

Il se compose de sept parties :
1. Fiches « Organisation de la classe » – **2.** Fiches « Jeux » – **3.** Fiches « Chansons et poésies » – **4.** Fiches « Petits docs » – **5.** Fiches « Projets » – **6.** Fiches « Pour aller plus loin » – **7.** Fiches « Évaluation ».

1. Fiches « Organisation de la classe »

Ces fiches vous sont destinées. Ce sont des supports pour obtenir l'attention de vos élèves, vous assurer une autorité naturelle et faciliter le déroulement des leçons.
Elles comportent également des gabarits pour préparer certains jeux.

2. Fiches « Jeux »

A. Jeux à construire

Il s'agit de matrices de jeux à construire (des dés, des dominos…) afin de dynamiser votre enseignement. Certaines fiches concernent des éléments découverts dans les leçons pouvant faire l'objet d'une attention particulière si vous jugez que cela peut motiver votre classe.

B. Jeux interactifs

Il est parfois difficile de mener une activité de sondage à partir du livre ou du cahier. La feuille de papier est beaucoup plus adaptée à ce genre d'exercice. Ces fiches proposent un certain nombre d'activités interactives. Elles correspondent principalement à deux situations d'apprentissage particulièrement motivantes pour les jeunes élèves et pour lesquelles la communication est essentielle : les recueils d'informations et les résolutions de problèmes.

C. Jeux en autonomie

Il est normal que les élèves ne travaillent pas tous au même rythme. Il est donc nécessaire de prévoir des activités pouvant être effectuées en autonomie.
Au début de l'apprentissage, assurez-vous de la bonne compréhension de la tâche à réaliser avant de laisser les élèves travailler seuls.

3. Fiches « Chansons et poésies »

Ces fiches peuvent être proposées aux élèves lorsque la chanson ou la poésie a été suffisamment travaillée à l'oral.
Il s'agit de la trace écrite du texte à mémoriser par les élèves.
Le fait d'avoir déjà appris oralement ce texte en facilitera la lecture. Vous pourrez profiter de cette trace écrite pour demander aux élèves d'illustrer le texte ou pour les amener à se repérer dans l'écrit.
Ces fiches ne participent en aucun cas à l'apprentissage oral de la chanson ou de la poésie.
L'objectif est d'utiliser cet écrit soit pour faciliter la mémorisation du texte par un transfert des compétences, soit pour le garder en mémoire sous la forme d'un cahier personnel faisant écho aux pages du livre.

4. Fiches « Petits docs »

Ce sont des idées pour développer le thème traité dans la page « Petit doc » du livre de l'élève.
Du fait de leur caractère authentique et interdisciplinaire, ces documents peuvent enrichir votre enseignement en proposant aux élèves une activité pour laquelle la langue n'est plus l'élément primordial. Ces séances interdisciplinaires à caractère artistique, scientifique ou culturel permettent de proposer aux élèves des activités qui les touchent, les concernent, et pour lesquelles ils ont envie d'agir. Elles permettent également à chaque enfant de pouvoir, à un moment ou à un autre, mettre en valeur ses compétences non-linguistiques.

5. Fiches « Projets »

Ces fiches vous proposent les gabarits nécessaires pour mener à bien la tâche finale de chaque unité.

6. Fiches « Pour aller plus loin »

Il s'agit d'exercices de lecture, d'écriture et d'étude de la langue pour des élèves plus âgés, plus rapides ou suivant des programmes plus poussés.
Ces fiches peuvent aussi vous permettre de différencier votre enseignement en ne les proposant qu'à une partie de vos élèves.

7. Fiches « Évaluation »

Ces fiches vous permettent de vérifier régulièrement les connaissances de vos élèves, de vous assurer de leur apprentissage afin de pouvoir sans cesse modifier votre enseignement, d'apporter de l'aide à ceux qui en ont besoin, de ralentir ou d'accélérer le rythme des apprentissages.
Il ne s'agit pas de tests de compétence et d'entraînement au DELF Prim. Une épreuve DELF prim A1.1 est proposée dans le cahier d'activités de la méthode.
À la fin du fichier ressources, vous trouverez un portfolio à photocopier et à colorier. Une version en couleurs est téléchargeable à l'adresse suivante : www.hachettefle.fr.
Ce portfolio reprend les différentes compétences travaillées par vos élèves dans chaque unité du livre.
Il leur propose de ne colorier que leurs réussites.
Les compétences en voie d'acquisition ou non acquises pourront être évaluées plus tard.
Vous trouverez également un diplôme à photocopier.

BON TRAVAIL AVEC VOS LOUSTICS !

Organisation de la classe

Dans cette partie, vous trouverez des propositions de fiches pour vous permettre d'organiser votre classe, de gérer le volume sonore de votre classe, d'inviter vos élèves à personnaliser leur classeur ou leur cahier de français, à connaître les symboles utilisés dans leur livre et leur cahier d'activités, à jouer avec les personnages de la méthode, à découvrir les jours du cours de français et à mettre en avant leurs connaissances lexicales grâce à leur boîte lexicale.

- **Les bouches**

Pouvoir indiquer aux élèves le volume sonore autorisé ou attendu lors d'activités collectives, par groupes de deux ou individuelles.
– bouche verte = On encourage les élèves à parler fort.
– bouche orange = On autorise les élèves à parler normalement.
– bouche rouge = On demande aux élèves d'être silencieux.
1. Colorier la bouche ouverte en vert, la bouche entrouverte en orange et la bouche fermée en rouge.
2. Découper les bouches et éventuellement les plastifier.
3. Utiliser les bouches lors d'activités pour que les élèves comprennent bien ce qu'elles signifient. Par exemple, lors de l'apprentissage d'une chanson, la bouche verte signifiera que vous aimeriez que les enfants chantent fort, la bouche orange qu'ils chantent normalement et la bouche rouge qu'ils chantent dans leur tête en faisant les gestes.
Vous pouvez également leur demander de répéter des mots plus ou moins fort. Les enfants doivent expérimenter de nombreuses fois ces supports avant de pouvoir les respecter.

- **Le feu tricolore**

Pouvoir indiquer aux élèves le volume sonore autorisé en classe selon les activités.
– feu vert = Vous jugez que le volume sonore des élèves est adapté à l'activité. La pince à linge montre le feu vert.
– feu orange = Vous jugez que le volume sonore des élèves risque de nuire aux activités. Vous le signalez à vos élèves en positionnant la pince à linge sur le feu orange.
– feu rouge = Le volume sonore des élèves est incompatible avec l'activité. Vous le signalez à vos élèves en plaçant la pince à linge sur le feu rouge. Vous arrêtez l'activité et proposez un retour au calme (mettre un doigt devant la bouche, réciter une comptine connue de tous…).

- **La page de garde**

Personnaliser son classeur ou son cahier de français.

- **La page de présentation « Ma classe »**

Indiquer les prénoms des élèves de la classe en séparant les filles et les garçons.
Permettre à l'élève de repérer son prénom et d'indiquer le nombre de filles et de garçons.

- **Les symboles**

Aider les élèves à comprendre ce qui leur est demandé en matérialisant les consignes.
Indiquer les différentes étapes d'une activité en proposant aux élèves une succession de symboles (3 maximum).

- **Les marionnettes à doigt**

Connaître les personnages principaux de la méthode et jouer avec pour se les approprier.
Utiliser les marionnettes pour aider à la reconstitution de dialogues.

- **Les masques**

Connaître les personnages principaux de la méthode et jouer avec pour se les approprier.
Utiliser les masques pour aider à la reconstitution de dialogues et à la mise en scène des bandes dessinées, lors de mini jeux de rôles ou de mini improvisations.

- **La roue des jours de la semaine**

Observer le déroulement de la semaine, connaître les jours en français et les jours du cours de français.

- **La boîte lexicale**

Matérialiser la connaissance du vocabulaire dans une boîte.
Savoir utiliser ce vocabulaire dans des phrases pour communiquer.

Fiche n°1

Les bouches

Fiche n°2

Le feu tricolore

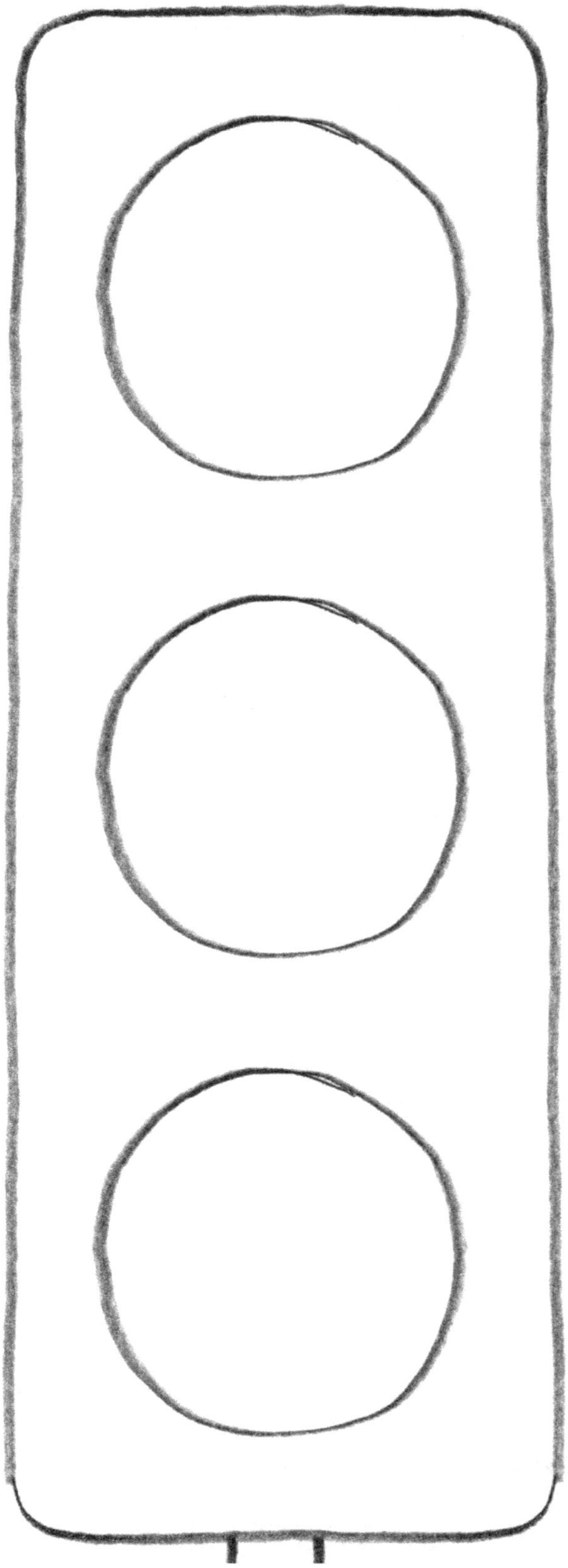

Fiche n°3

La page de garde

Mon année de français avec LES LOUSTICS 1

Prénom et nom :

....

....

École : ....

....

Classe : ....

Nom de mon professeur :

....

Année scolaire : ....

Fiche n°4

La page de présentation « Ma classe »

1 Observe et colorie ton prénom.

2 Colorie Alice si tu es une fille et Léo si tu es un garçon.

3 Compte le nombre de filles et le nombre de garçons.

Dans ma classe, il y a .... filles.

Dans ma classe, il y a .... garçons.

Fiche n°5

Les symboles

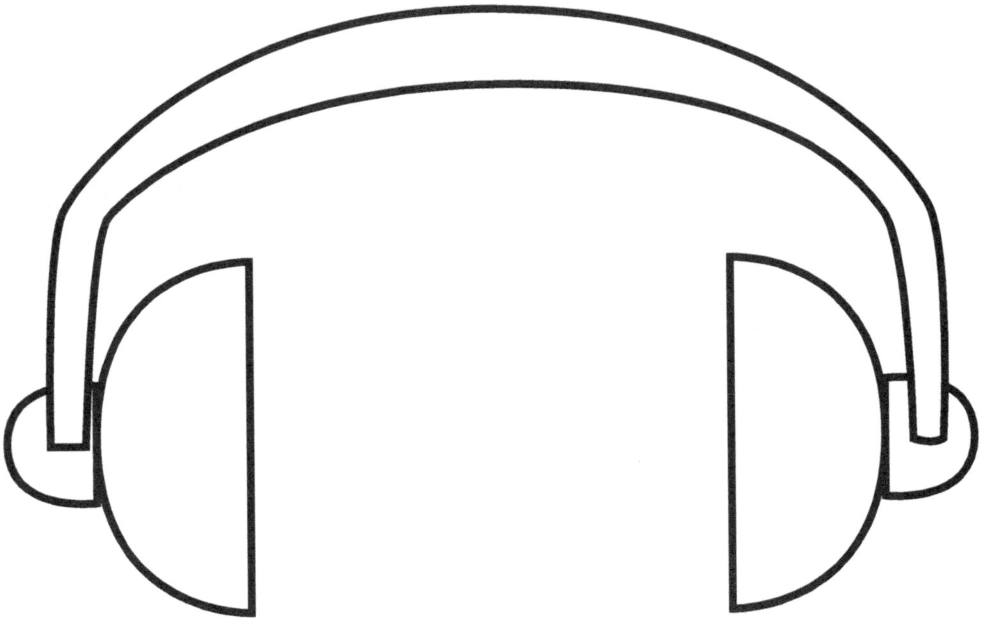

Les symboles

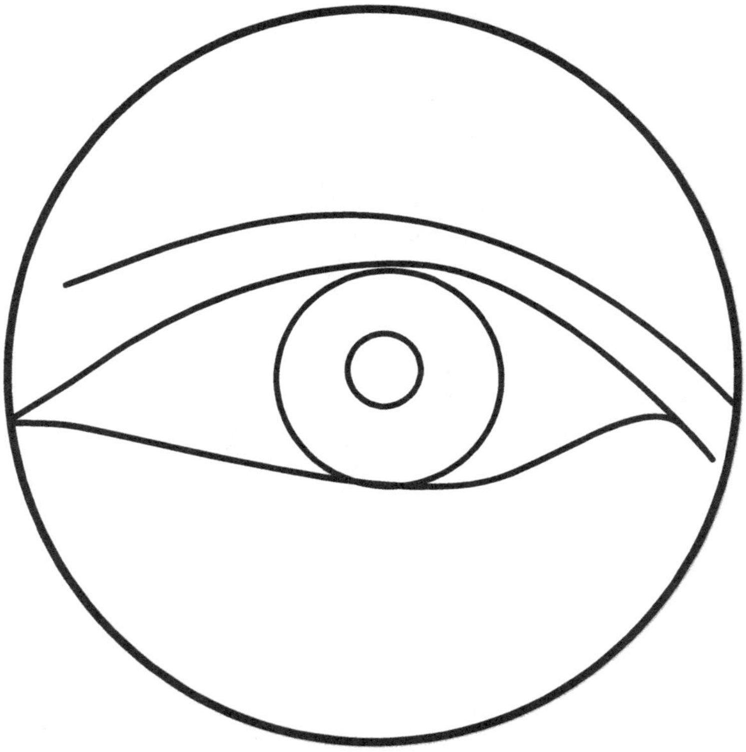

Les symboles

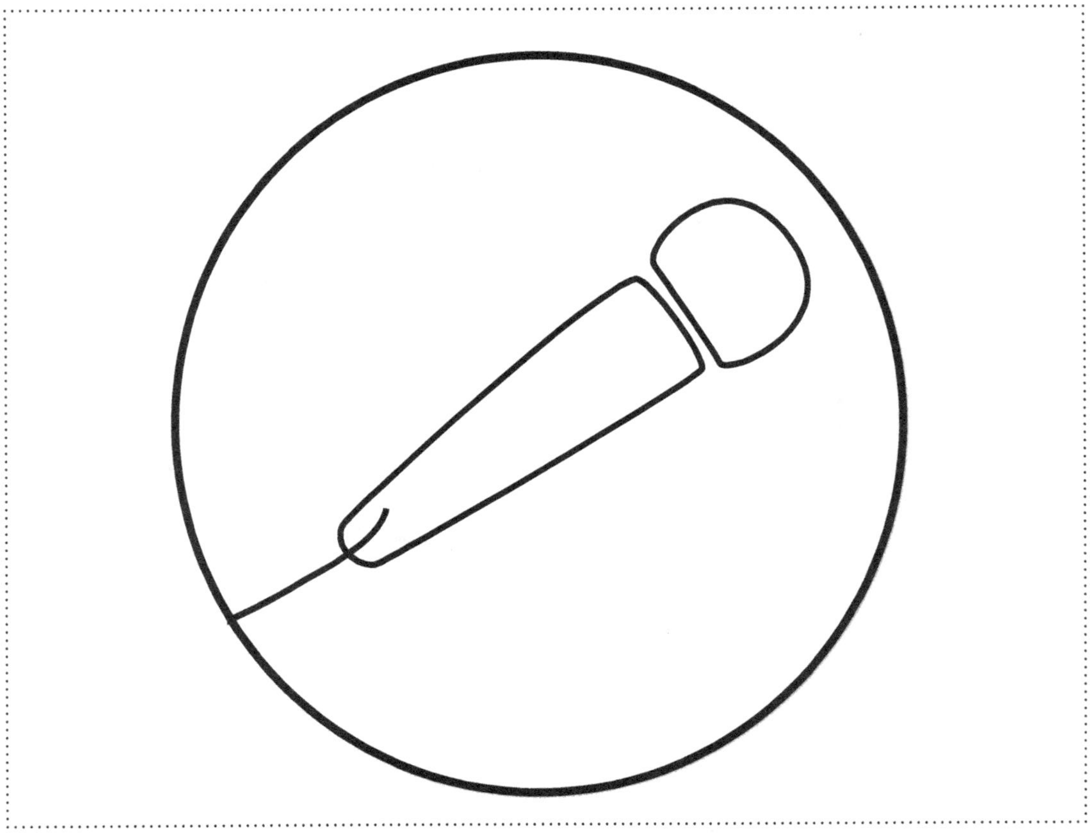

Les symboles

Fiche n°6

la famille Legrand

Les marionnettes à doigt

Luc

Jeanne

Alice

Les marionnettes à doigt

Leo

Maggie -

Les marionnettes à doigt

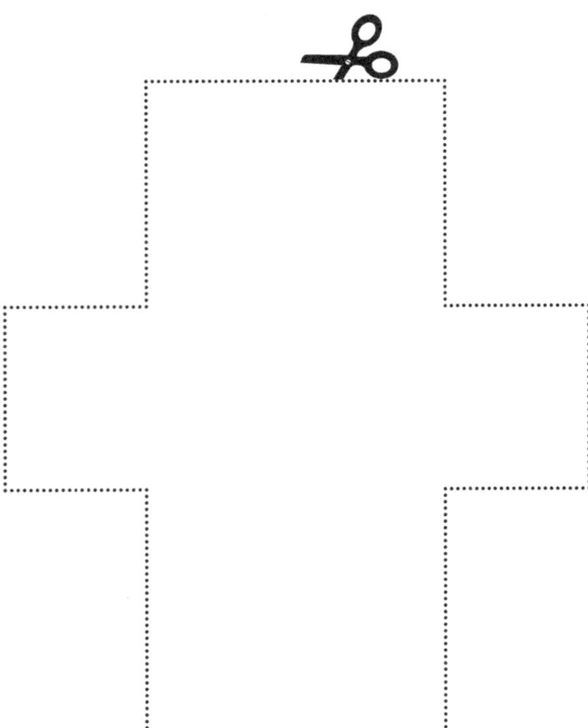

Fiche n°7

Les masques

Les masques

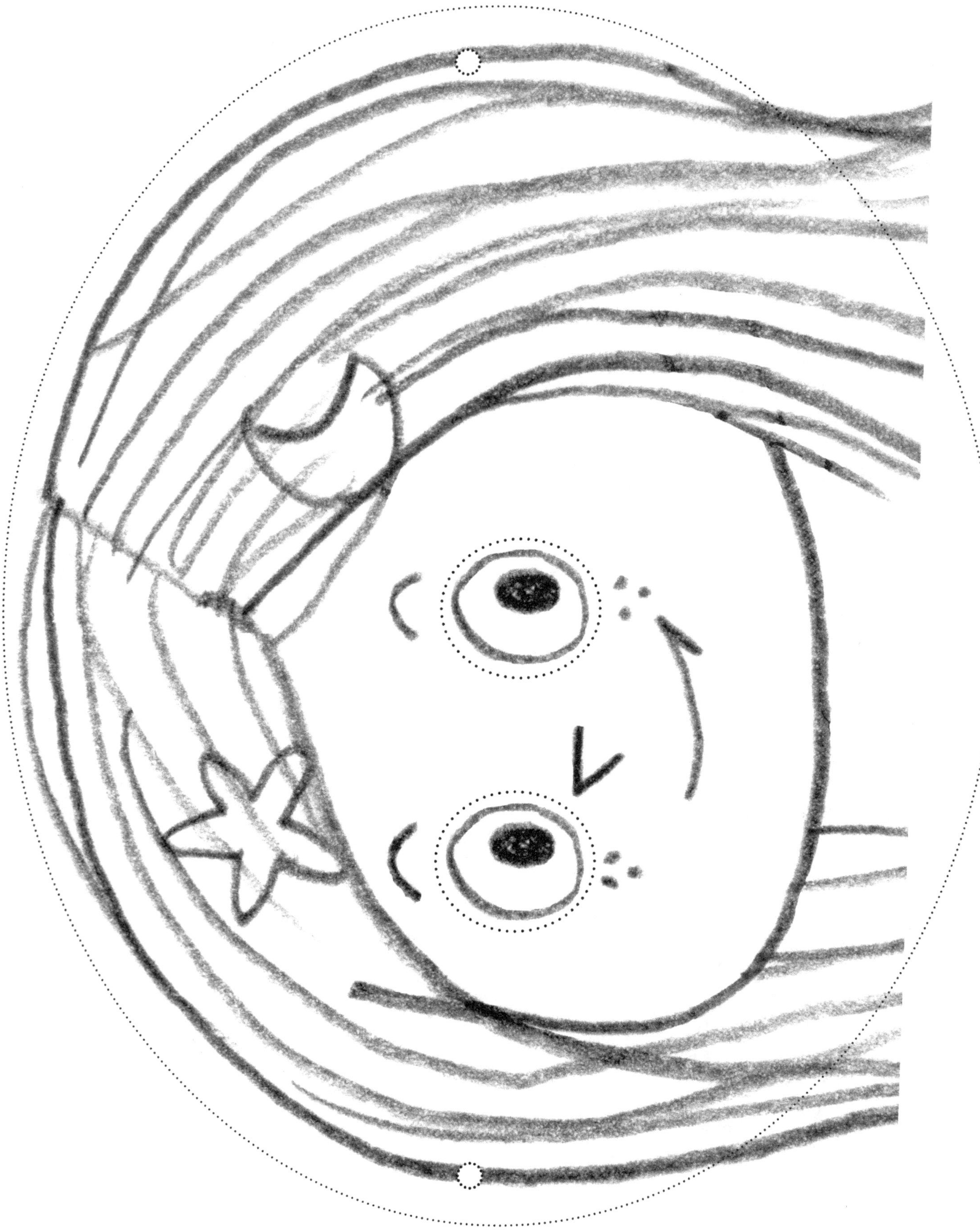

Les masques

Les masques

Les masques

Les masques

Les masques

Fiche n°8

La roue des jours de la semaine

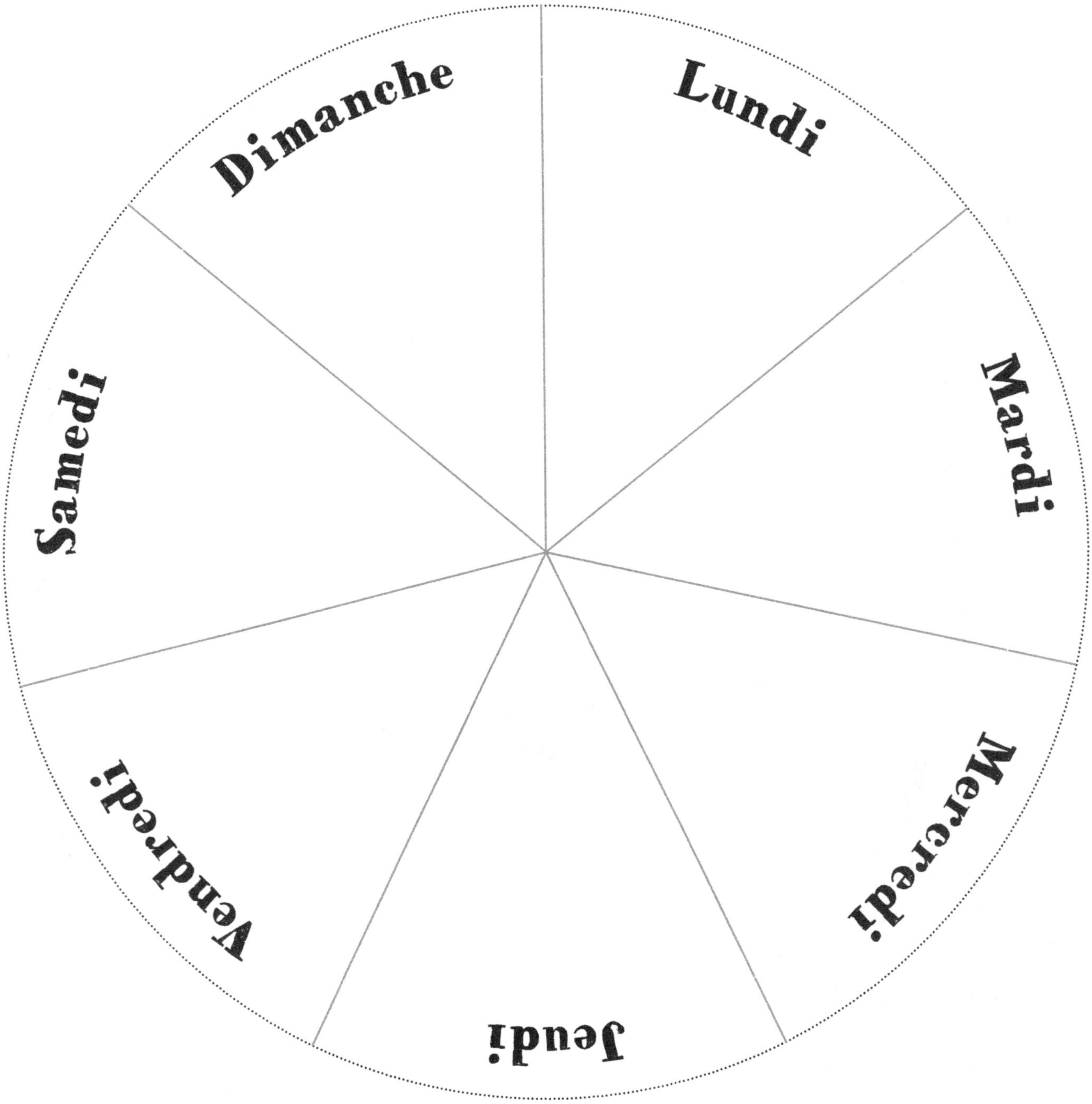

Fiche n°9

La boîte lexicale

● Demandez à chaque élève d'apporter une boîte dans laquelle ils pourront ranger des dessins représentant les mots qu'ils doivent connaître en français à l'oral. Si vous le jugez utile, les élèves peuvent également être amenés à connaître ces mots à l'écrit.

● La boîte peut être décorée et personnalisée par l'élève. Elle peut, par exemple, être coloriée en bleu, blanc, rouge. L'élève peut dessiner la tour Eiffel ou coller une photo de la tour Eiffel dessus, lui donner un nom, écrire une phrase (« Au secours ! », « Ma boîte préférée ! », « *Les Loustics* sont fantastiques ! »).

● Vous pouvez décider du contenu de la boîte avec ou sans vos élèves. Vous pouvez également utiliser les dessins de la rubrique **Mon dictionnaire** du cahier d'activités. Afin de faciliter votre travail et celui de vos élèves, les mots illustrés donnés ici ne sont plus rangés dans l'ordre alphabétique mais par unité.

● Les mots peuvent être découpés et placés dans la boîte au fur et à mesure de leur apparition. À l'issue de chaque unité, vous pouvez organiser des activités ou des jeux pour favoriser la mémorisation de ces mots. Vous pouvez demander aux élèves d'indiquer par un rond de couleur bleu si le mot est un mot masculin, par un rond de couleur orange si le mot est un mot féminin, etc.
Vous pouvez proposer des dictées d'images à vos élèves :
❀ vous citez quatre mots et les élèves doivent sortir les images au fur et à mesure ;
❀ vous demandez à chaque élève de mettre sur sa table cinq images et de les nommer ;
❀ un élève choisit cinq images et les nomme à un élève éloigné de lui.

● Le contenu des boîtes de tous élèves peut être identiques ou faire l'objet d'une gestion autonome. Ainsi, vous pouvez autoriser les élèves à enlever les images qu'ils connaissent très bien. L'objectif est pour l'élève d'avoir dans sa boîte le moins de mots possible.

● Attention de ne pas vous limiter aux mots ! Pensez à produire et à demander à vos élèves de produire des phrases lors des manipulations de ces images.

● Les élèves peuvent aussi écrire le mot qui correspond à l'image sous le dessin ou derrière le dessin.

La boîte lexicale

Unité 1

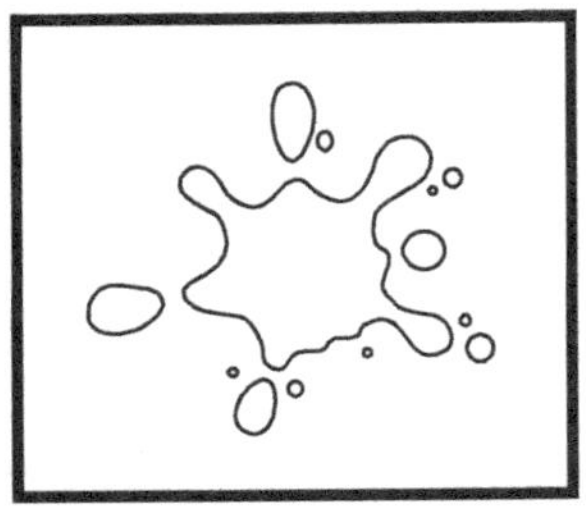
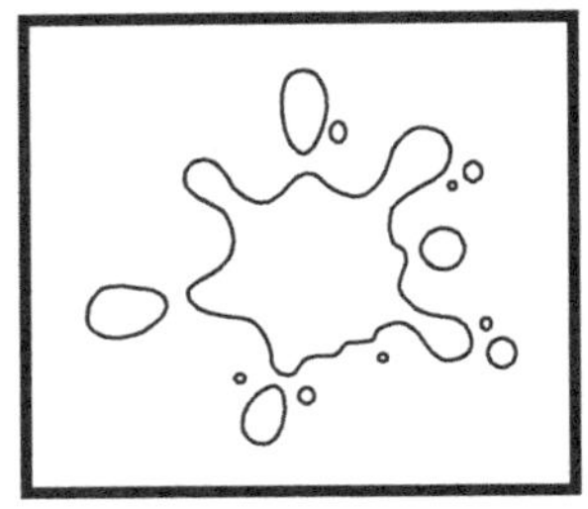

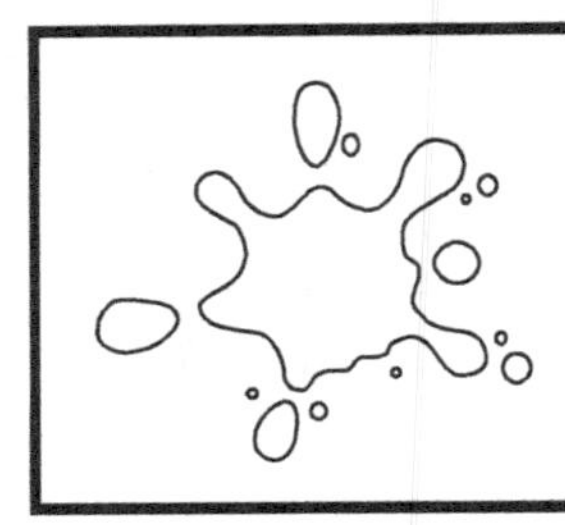

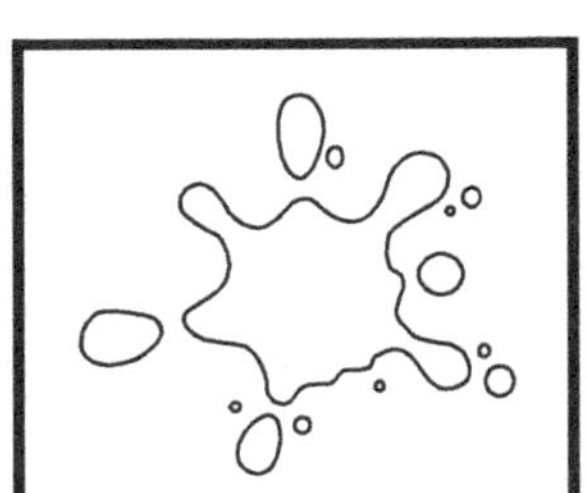

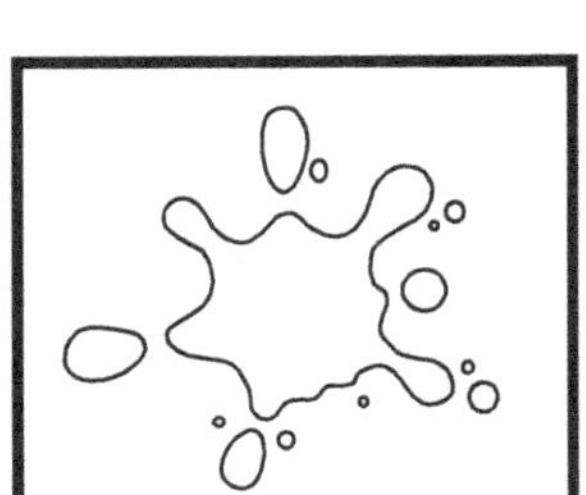

La boîte lexicale

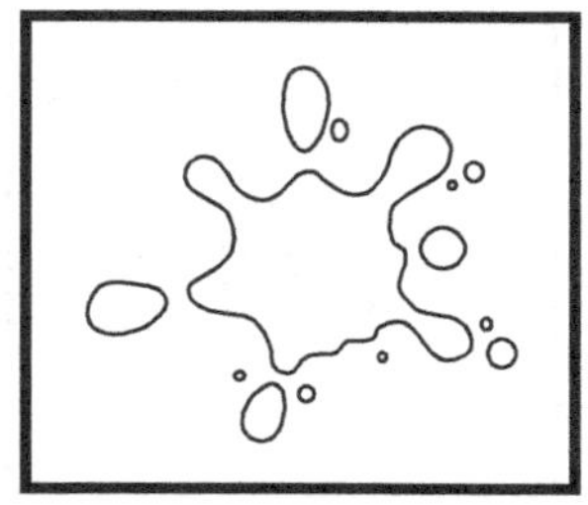
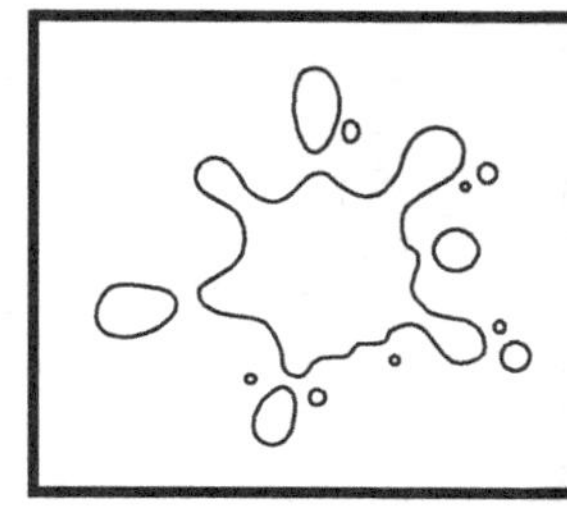

Unité 2

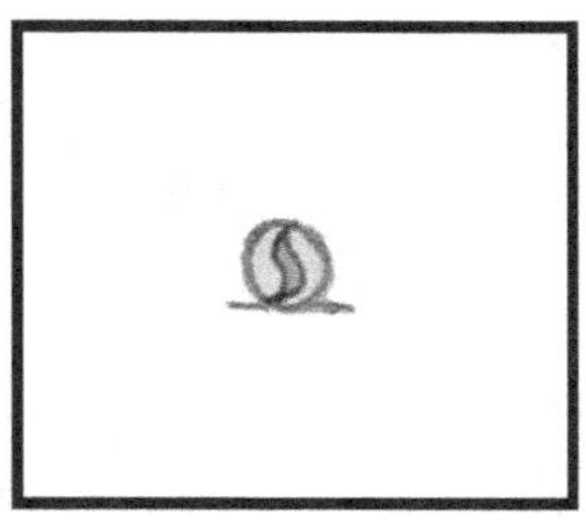

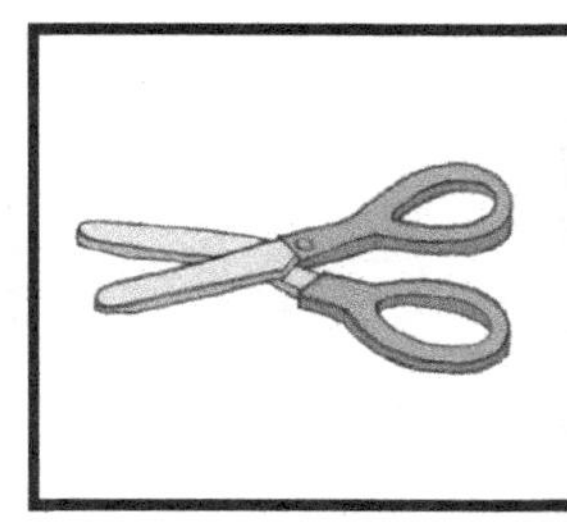

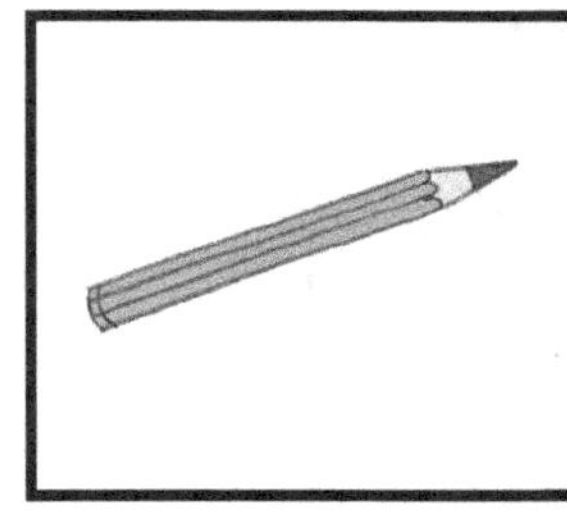

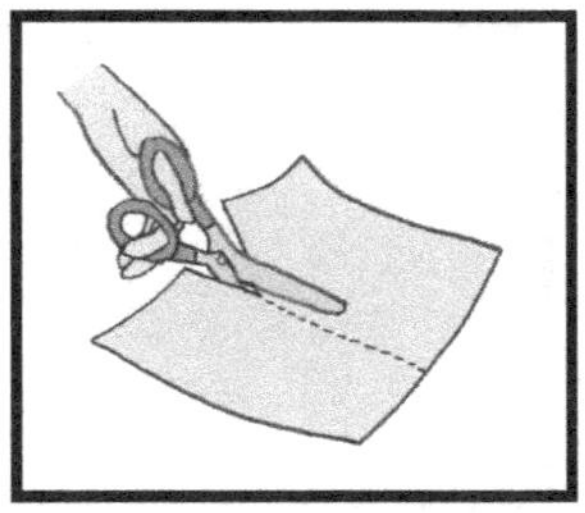

La boîte lexicale

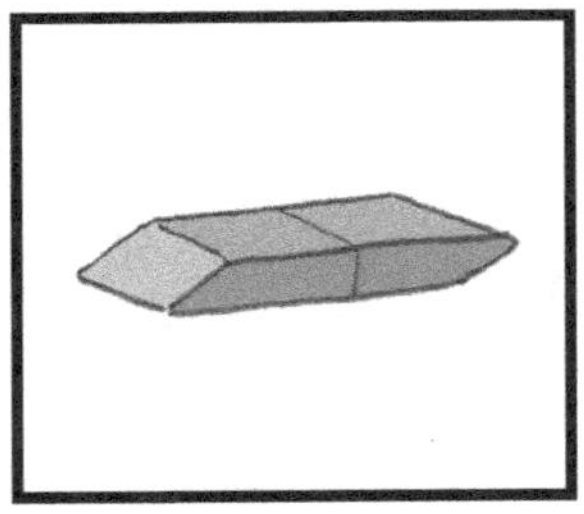

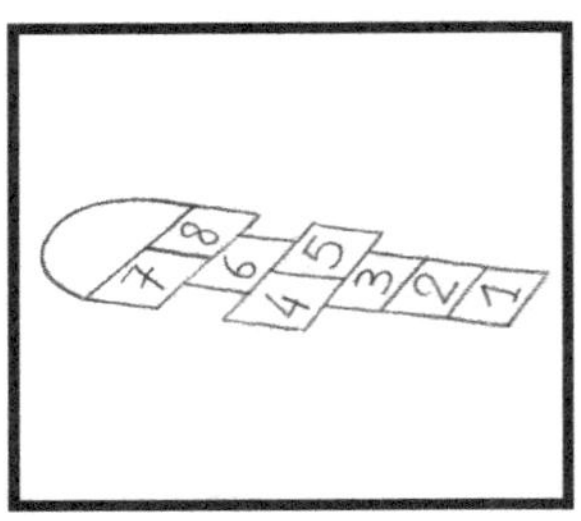
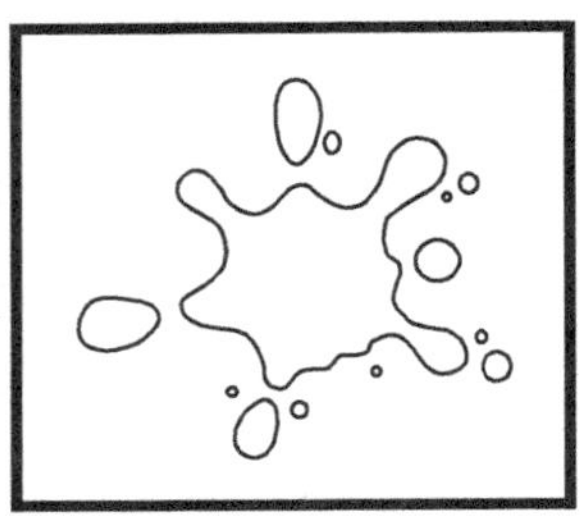
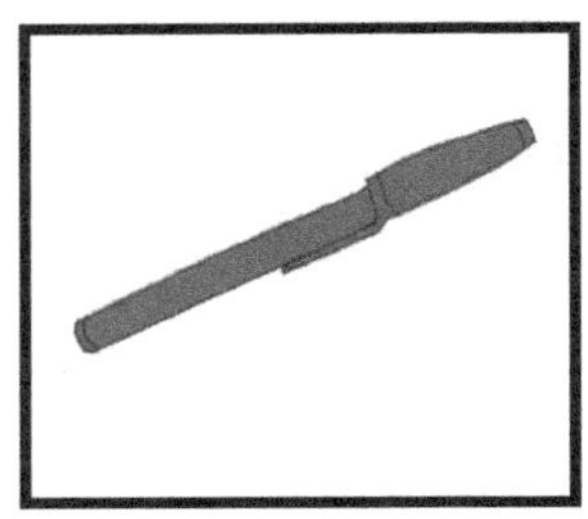
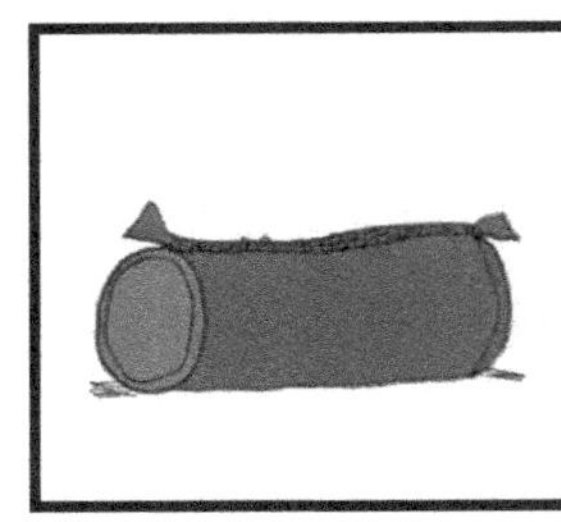

Unité 3

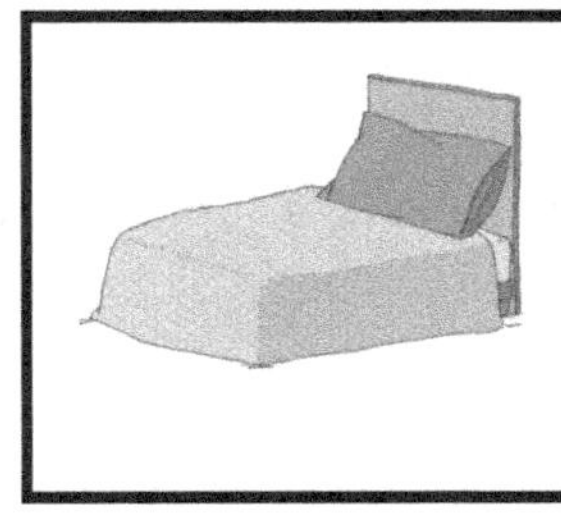

La boîte lexicale

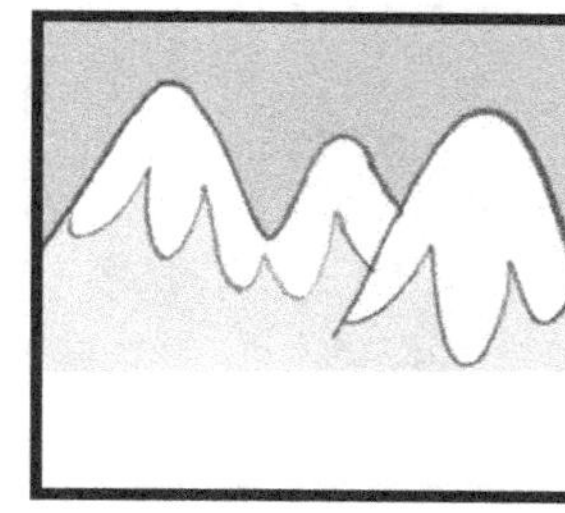

Unité 4

La boîte lexicale

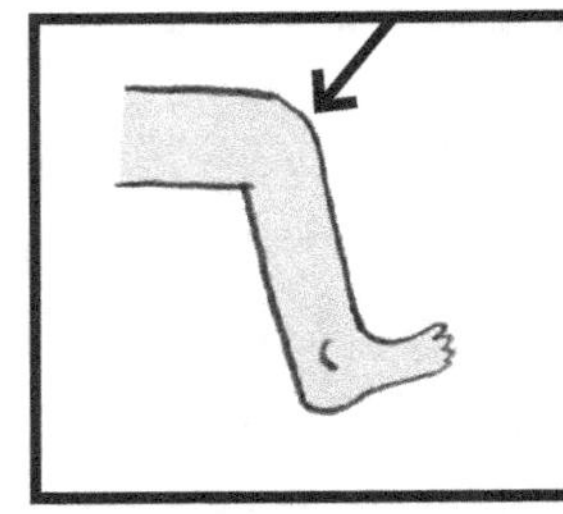
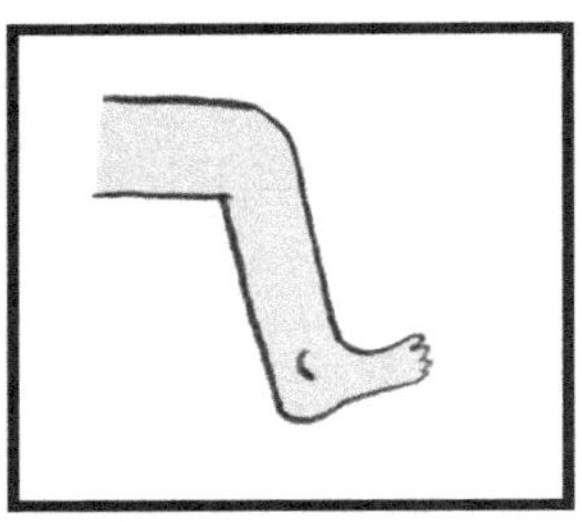
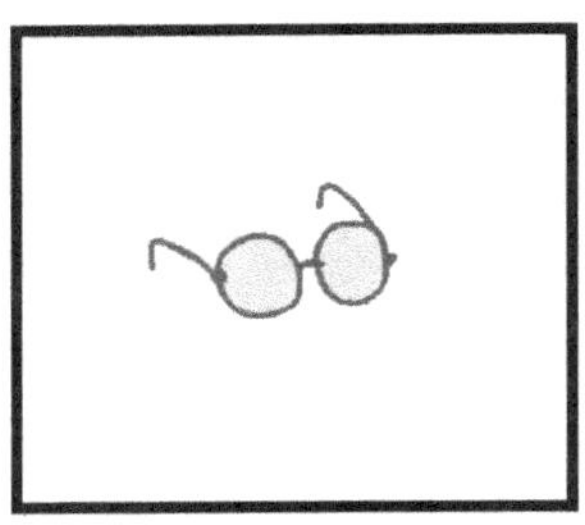
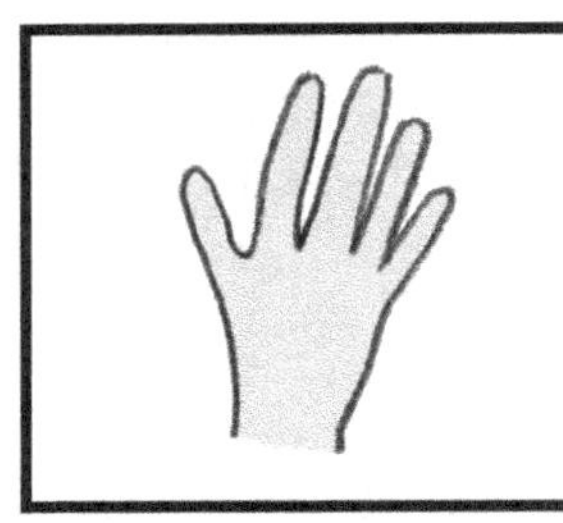

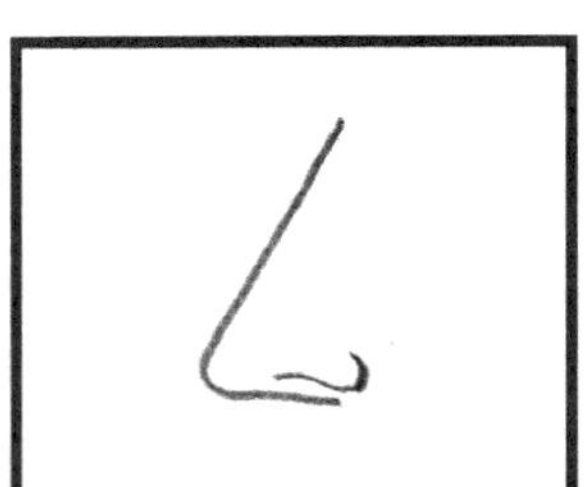
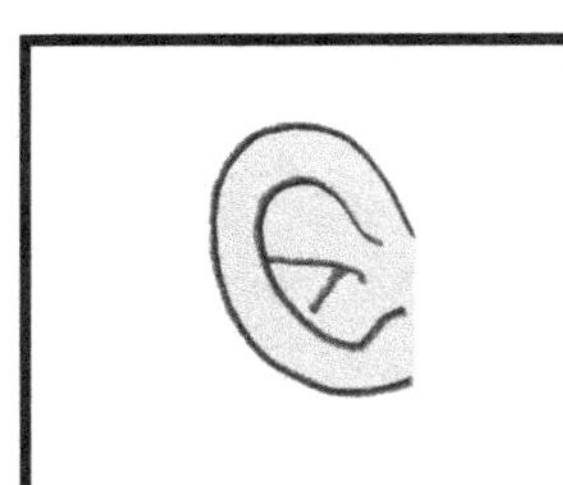

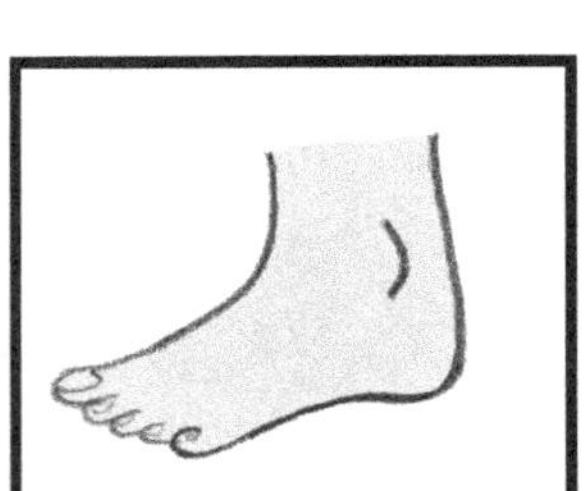

La boîte lexicale

Unité 5

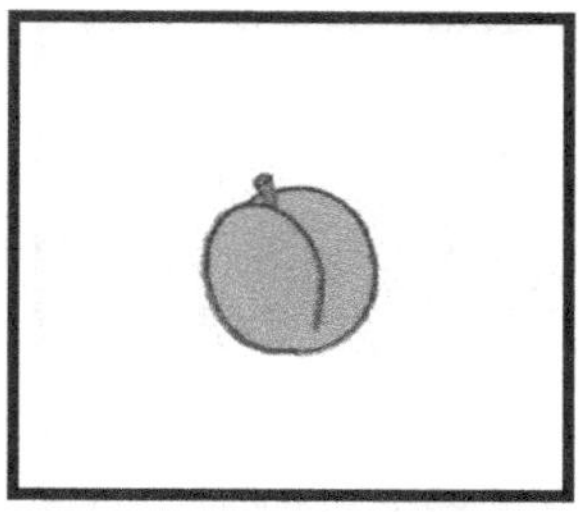

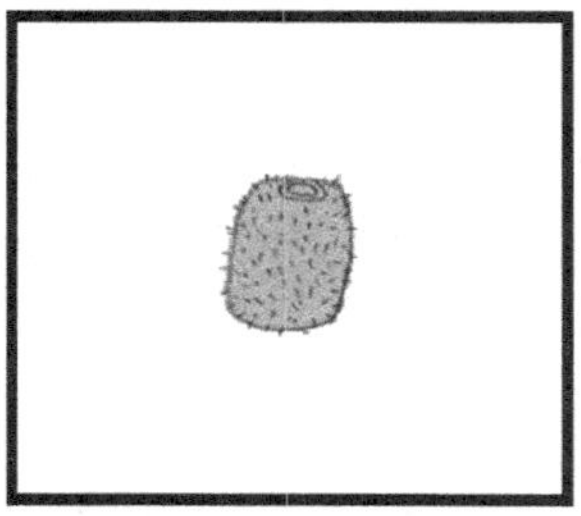
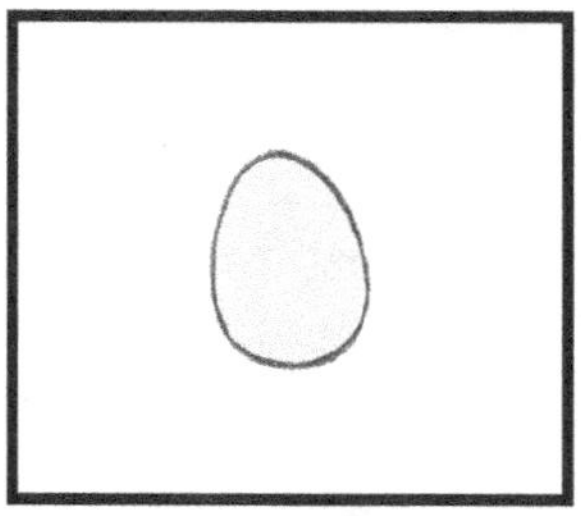
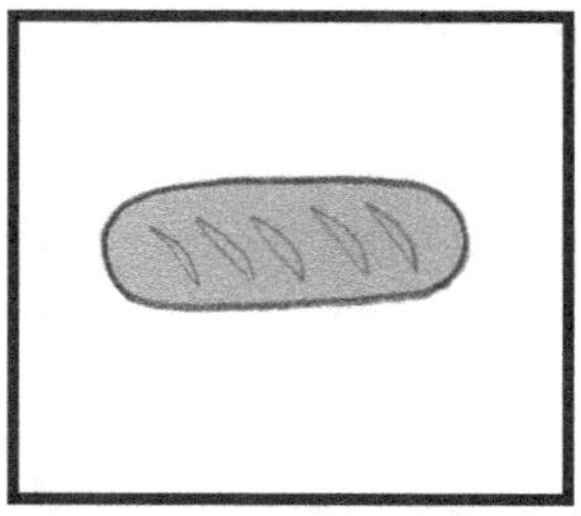

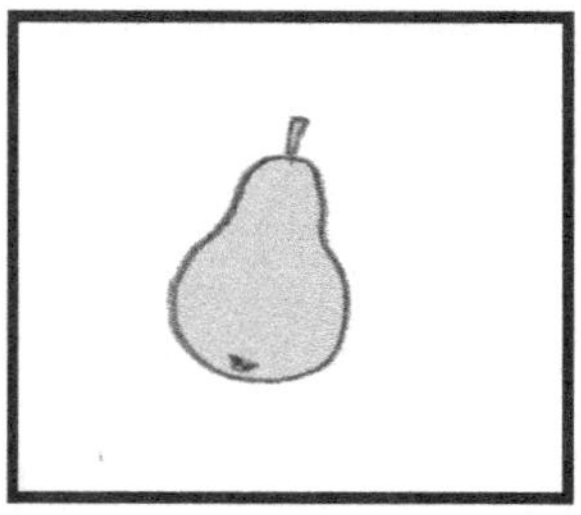

La boîte lexicale

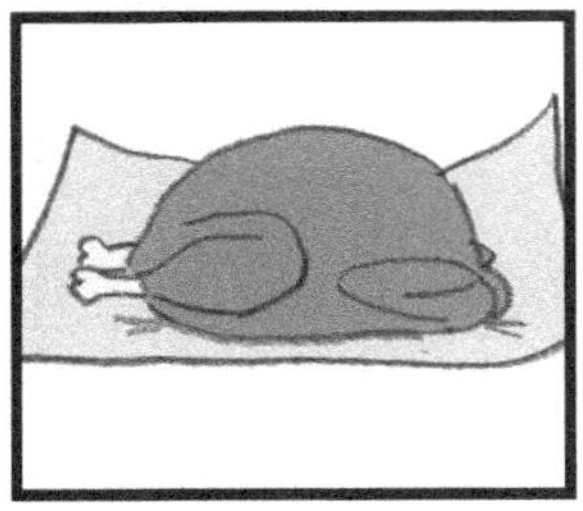

Unité 6

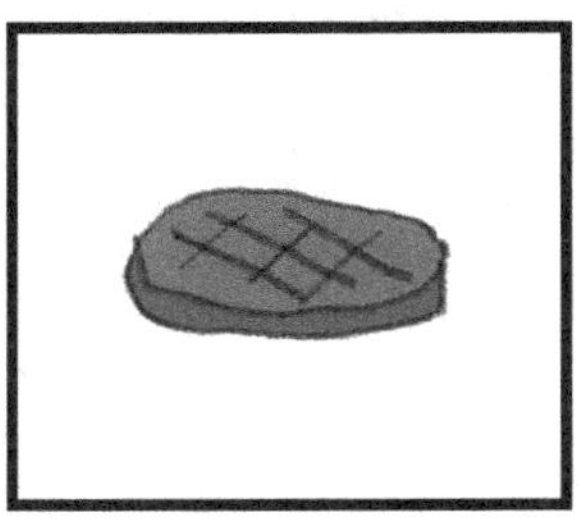

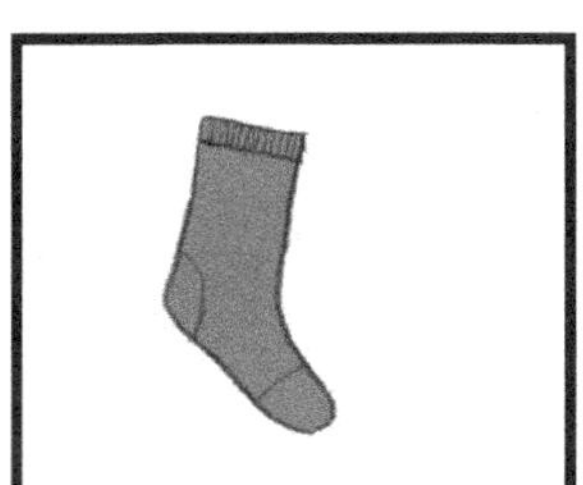

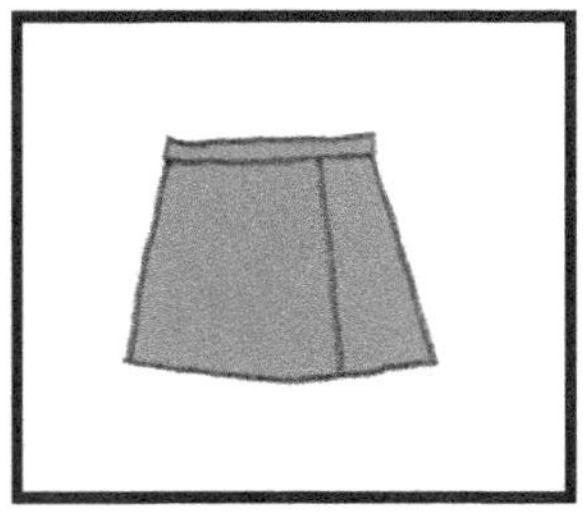

La boîte lexicale

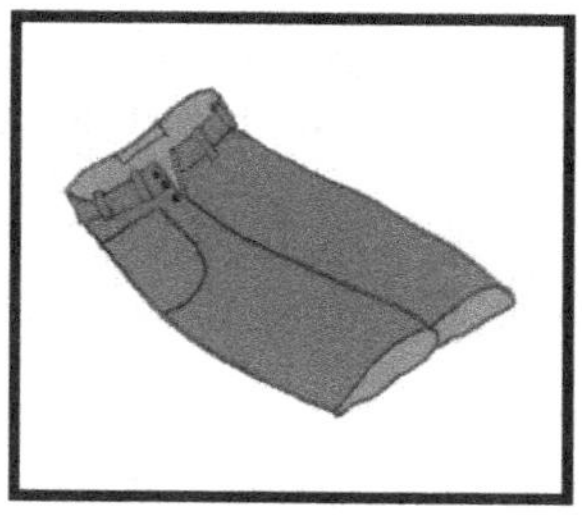

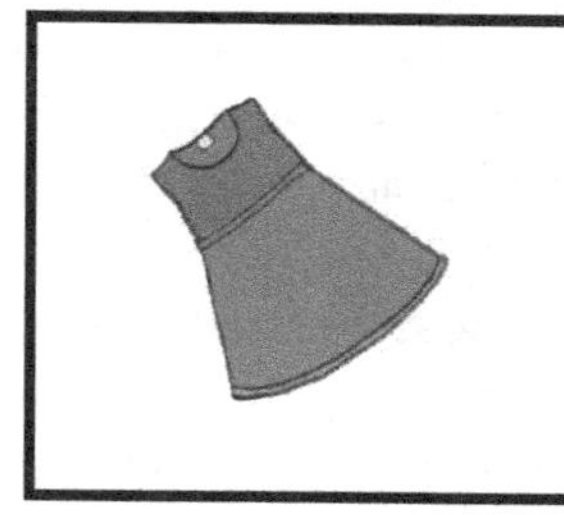
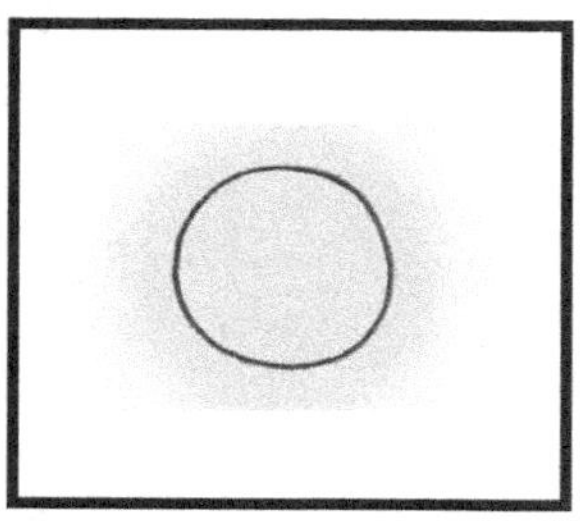

Jeux

Dans les pages suivantes, vous trouverez un certain nombre de jeux.
– Des **jeux à construire** pour dynamiser votre enseignement.
– Des **jeux interactifs** pour amener les élèves à parler entre eux en français grâce à une approche communicative, ludique et interpersonnelle.
– Des **jeux en autonomie** pour permettre aux élèves de réinvestir leurs compétences et vous permettre éventuellement de différencier votre enseignement en ne proposant certaines activités qu'à une partie de vos élèves.

- **Jeux à construire**

- **Jeux interactifs**

- **Jeux en autonomie**

Jeux

Voici les règles des jeux à mettre en œuvre lors de l'utilisation du fichier ressources.
La plupart de ces jeux sont des jeux cadres dynamiques et interactifs, c'est-à-dire des jeux réalisés à partir de jeux connus dont nous ne gardons que la structure génératrice d'activités d'apprentissage.
Cette structure détermine la manière de jouer avec les règles et les étapes de déroulement du jeu.
Elle peut être facilement adaptée à un large éventail d'objectifs et de contenus pédagogiques.

Les jeux proposés ici font, pour la plupart, partie des jeux traditionnels auxquels les enfants francophones jouent à la maison, à l'école ou dans les centres de loisirs.
Ils sont faciles à réaliser et à faire évoluer. Ils invitent les élèves à manipuler et à vivre la langue.
Lorsque le jeu existe dans votre langue, n'hésitez à donner son nom à vos élèves ; cela facilitera sa mise en place.

N'oubliez pas que faire jouer les élèves en cours de français implique de les amener à pouvoir jouer en français.
Pour cela :
- utiliser le lexique lié au jeu proposé (les pions, les jetons, le plateau, la pile, la pioche...) ;
- présenter le but du jeu : Le premier sans carte gagne ! ; les règles du jeu : Le plus rapide gagne ! ; l'organisation du jeu : À ton tour ! ;
- commenter le jeu : Bravo ! ; terminer le jeu : Ce sont les bleus qui gagnent !

N'oubliez pas de mettre en place différentes phases de découverte du jeu en jouant vous-même contre toute la classe ou en répartissant la classe en deux groupes.

Idées
- Filmer la classe en train de jouer. L'année suivante, utiliser les films pour expliquer les jeux aux nouveaux élèves.
- Prendre les élèves en photo pour en garder le souvenir, en mémoriser les règles.
- Inviter régulièrement un élève à devenir meneur de jeux. (Lui préparer un badge « PROF du JOUR ! ».)

Astuces pour créer un plateau de jeu (Qui est-ce ?, bataille navale...)
- Utilisez 2 feuilles de papier rectangulaires en carton ou assez épaisses.
- Pliez les feuilles en deux.
- Collez les feuilles dos à dos.
- Collez les grilles comme sur la photo ci-contre.
- Vous pouvez écrire le titre du jeu sur les parties verticales, éventuellement les règles.
- Pour faciliter le jeu, vous pouvez fournir une liste de mots. Vous pouvez différencier vos attentes en proposant la liste à certains élèves et pas à d'autres.

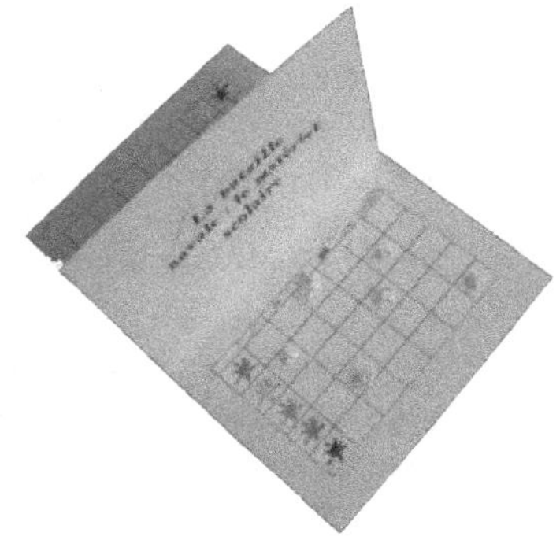

LE MÉMORY

Matériel : De 10 à 20 cartes images (cartes identiques ou complémentaires / couples)

Organisation : Groupe classe – Petits groupes **Niveau/âge :** À partir de 4 ans **Dans le fichier :** ☞ p. 40

Description du jeu

L'enseignant dispose les cartes images au tableau ou sur une table en deux tas distincts. Les élèves observent les cartes, nomment les éléments représentés et associent les cartes identiques ou complémentaires pour démontrer qu'ils ont bien compris la notion de paires. Une fois le but du jeu compris, les cartes images sont retournées (face cachée).

Chaque joueur doit, à tour de rôle, retourner une carte du premier tas puis chercher la carte identique ou complémentaire dans le deuxième tas. Si les deux cartes forment une paire identique ou complémentaire, le joueur les garde et continue à jouer. Dans le cas contraire, il les replace au même endroit, face cachée. L'enseignant invite les élèves à s'exprimer après avoir tiré chacune des cartes en formulant la phrase attendue. Les élèves peuvent dire, quand ils gagnent : « Je suis content » et quand ils perdent : « Je suis fâché ! », en accompagnant ces phrases de mimiques et de gestes.

Il est possible de simplifier le jeu ou de le compliquer : le dos des cartes peut être d'une couleur différente ; les cartes peuvent être placées à des endroits bien distincts sur la table, de manière régulière ou, au contraire, mélangées.

Variante pour l'écrit

La moitié des cartes sont des mots. Il faut faire correspondre les mots et les images.

LA TOUPIE

Matériel :
- Autant de photocopies de la page 41 que d'élèves
- Autant d'allumettes que d'élèves
- Des crayons de couleur
- Des ciseaux

Organisation : Individuelle **Niveau/âge :** À partir de 6 ans **Dans le fichier :** ☞ p. 41

Description du jeu
Une fois la toupie réalisée par les élèves, les inviter à jouer avec leur toupie : « Qui a la toupie qui tourne le plus longtemps ? » ; faire nommer la couleur sur laquelle la toupie s'arrête ; l'utiliser pour décrire une chose de cette couleur, dessiner quelque chose de cette couleur ou écrire la couleur.

LES DÉS

Matériel : Un dé à pochettes avec des cartes illustrées à glisser dans les pochettes ou un dé illustré

Organisation : Groupe classe – Enseignant-élèves – Petits groupes – Binômes

Niveau/âge : À partir de 4 ans **Dans le fichier :** ☞ p. 42, p. 49, p. 56, p. 67

Description de jeux possibles

1. Pile dans le « 1 000 » : L'élève lance le dé puis nomme ce qu'il voit. Par exemple : le dé tombe sur bleu, il dit « bleu ».
Il est possible de travailler sur le féminin et le masculin avec les cartes images d'objets et d'y associer une couleur.
Par exemple : l'élève tire une carte image (trousse) puis il lance le dé (vert) ; il dit : « une trousse verte ».

2. Boule de cristal : Avant de lancer le dé, l'élève nomme la face du dé sur laquelle il aimerait tomber. Son souhait va-t-il se réaliser ? Par exemple : un élève espère tomber sur Maggie. Si c'est le cas, il dit : « Oui, c'est Maggie ! » ou « Oui, c'est elle. » Si ce n'est pas le cas, il dit : « Non, ce n'est pas Maggie ! » ou « Non, ce n'est pas elle. C'est monsieur Legrand. »

3. Devinette : Un élève lance le dé à l'abri des regards de ses camarades. Il décrit ce qu'il voit pour que ses camarades puissent deviner ce qu'il y a sur le dé. Dans certains cas, il peut simplement mimer ou bruiter ce qu'il voit.

4. Machine à phrases : Avant de lancer le dé, annoncer aux élèves le genre de phrase attendue.
Par exemple : avec la famille, utiliser « frère », « sœur », « père », « mère ». L'élève lance le dé.
Il tombe sur Alice. Il peut dire alors : « Alice est la sœur de Léo. » ou « Madame Legrand est la mère d'Alice. »

5. Code secret : Avant de lancer le dé, attribuer à chaque nombre une carte image ou une instruction.
Par exemple : pour dessiner un visage : 1 = la tête, 2 = les yeux, 3 = le nez, 4 = les oreilles, 5 = la bouche, 6 = les cheveux.

6. Méli-mélo : Mélanger les thématiques. Par exemple : prendre « Léo », « goûter », « le chat », « dans », « crayon », « rouge ».
Annoncer clairement ce que symbolise chaque carte et ce qui est attendu des élèves. Par exemple : Léo = dis combien tu as de frères et de sœurs ; goûter = cite des aliments ; chat = cite des animaux ; dans = cite des objets dans ta chambre ; crayon = cite les objets dans ton cartable ; rouge = cite quelque chose de rouge.

LE SUDOKU

Matériel :
- Une grille de jeu grand format pour le tableau
- Une grille de jeu moyen format pour chaque élève ou chaque binôme
- Des cartes images pour compléter la grille correspondant aux éléments restant à placer

Organisation : 2 équipes **Niveau/âge :** À partir de 5 ans (4 régions avec des dessins)

Dans le fichier : ☞ p. 43, p. 81, p. 88

Description du jeu
Une grille de sudoku est composée de 4, 6 ou 9 régions de 2 x 2, 2 x 3 ou 3 x 3 cases. Le but du jeu est de compléter la grille pour que chaque ligne, chaque colonne et chaque région ne contienne qu'une seule fois tous les éléments d'une même collection.
Il est possible de travailler les chiffres de 1 à 9, la localisation, les actions, les animaux ou toute autre thématique.
Commencer par un travail collectif afin de permettre aux élèves de comprendre le jeu. Penser aux productions orales attendues.
Si l'élève travaille seul, lui demander de présenter son résultat final.

LE JEU DES 4 FAMILLES

Matériel : 24 cartes représentant 4 familles composées chacune de 6 membres ou objets

Organisation : Groupes de 3

Niveau / âge : À partir de 6 ans **Dans le fichier :** ☞ p. 46

Description du jeu

Les règles sont les mêmes que pour le jeu traditionnel. Distribuer 4 cartes par joueur. Les joueurs peuvent regarder leurs cartes mais ils doivent les cacher aux autres joueurs. Les cartes restantes sont placées sur la table et constituent la pioche. Le jeu consiste à reconstituer le maximum de familles complètes en interrogeant ses camarades. Les expressions de la demande seront simples au début de l'apprentissage (« Famille Legrand, le père. ») pour se rapprocher ensuite des formules plus complexes (« Dans la famille Legrand, je voudrais le père. »). Lorsque l'élève a la carte demandée, il la donne à son camarade. Lorsqu'il n'a pas la carte demandée, il dit : « Pioche ! ». L'élève demandeur tire alors une carte au hasard parmi le tas sur la table. S'il tire la carte qu'il voulait, il dit : « Bonne pioche ! » et continue le jeu. S'il tire une mauvaise carte, il dit : « Mauvaise pioche ! » et c'est à son camarade de jouer. Penser à proposer une phase de jeu collective à laquelle vous participerez afin de réactiver le vocabulaire nécessaire et d'introduire les structures langagières indispensables au jeu.

Variante

Les illustrations simples peuvent être remplacées par des illustrations plus riches (planches de contes), par des mots ou par des phrases. Une fois le jeu connu et intégré en français, il peut être proposé en autonomie aux élèves.

LE MORPION

Matériel : 9 cartes images ou mots ou questions – 9 chaises – Des rubans de deux couleurs différentes

Organisation : 2 équipes **Niveau / âge :** À partir de 6/7 ans **Dans le fichier :** ☞ p. 50

Description du jeu

Faire jouer les élèves au préalable au jeu traditionnel afin qu'ils en comprennent le principe.

L'enseignant dispose 9 chaises dans la classe représentant 3 rangées et 3 colonnes. Une carte image, une carte mot ou une question est posée sur chaque chaise, face cachée. Les élèves sont répartis en 2 équipes : les rouges et les bleus, par exemple.

Le but du jeu est d'arriver à asseoir 3 membres de son équipe de façon à former une ligne droite horizontale, verticale ou en diagonale, tout en empêchant l'équipe adverse d'en faire autant. Donner un exemple au tableau avec des craies ou des feutres de couleur.

La première équipe qui aligne trois joueurs a gagné.

- Exemples de consignes avec des cartes images : nommer la carte image ; poser une question dont la carte image pourrait être la réponse ; chercher au tableau le mot qui correspond.
- Exemples de consignes avec des cartes mots : lire le mot ; chercher au tableau la carte image qui correspond ; observer le mot 5 secondes puis l'écrire au tableau sans erreurs ; mimer le mot pour que ses coéquipiers le devinent.
- Exemples de consignes avec des questions : lire la question et y répondre ; donner la réponse et demander à ses coéquipiers de reformuler la question.

Notes

La stratégie veut que l'on commence par la chaise du milieu, mais laisser cette découverte aux élèves après quelques parties.

Les coéquipiers du joueur l'aident à choisir une chaise stratégique. Il est donc nécessaire de réactiver les mots utiles avant le jeu : ***au milieu, devant, derrière, à gauche, à droite***... Lorsqu'à l'issue du jeu, les équipes sont arrivées à faire une ligne, on dit : « Morpion ! ».

LES DOMINOS

Matériel : Un jeu de dominos **Organisation :** Binômes – Individuel

Niveau / âge : À partir de 6 ans **Dans le fichier :** ☞ p. 51, p. 79, p. 84

Description du jeu

Les règles sont les mêmes que pour le jeu traditionnel. Chaque joueur reçoit quelques dominos ; s'il y en a beaucoup, créer une pioche.

Le premier joueur place un domino. Le joueur suivant doit placer à côté de la partie droite de ce domino la partie gauche d'un de ses dominos qui exprime la même notion : même mot, même expression, même heure...

Quand un joueur ne peut pas placer de domino, il en prend un dans la pioche quand elle existe, le pose si cela est possible ou le garde et passe son tour. S'il n'y a pas ou plus de pioche, il doit se servir dans les dominos d'un autre joueur sans regarder la face.

Le gagnant est celui qui s'est débarrassé de tous ses dominos le premier.

Variantes

On peut envisager tous les champs lexicaux, des structures (dominos des heures), des sons (dominos rimés) ou des questions-réponses. On peut créer des dominos qui reprennent l'histoire de la famille Legrand ou celle d'un album jeunesse. Les dominos permettent de travailler aussi bien l'oral que l'écrit selon que l'on privilégie des visuels ou des textes.

L'EMBOUTEILLAGE

Matériel : Une carte image petit format par élève et une pour l'enseignant. Une même carte image peut être proposée plusieurs fois.

Organisation : Groupe classe en cercle

Niveau / âge : À partir de 5 ans **Dans le fichier :** ☞ p. 55

Description du jeu

Placer au tableau les cartes images des transports qui seront utilisées dans le jeu et réactiver leurs noms.

Les élèves sont assis en cercle, chacun sur une chaise. Distribuer un badge représentant un moyen de transport à chaque élève. Se placer au milieu du cercle et mener le jeu pour commencer. Dire, par exemple : « Les trains et les motos changent de place ! ». Les enfants en possession des cartes nommées doivent se lever et échanger leur place. Lorsque l'enseignant dit : « Embouteillage ! », tous les enfants doivent changer de place.

Après quelques essais, l'enseignant va s'asseoir sur une chaise vide. Celui qui n'a plus de chaise se retrouve au milieu du cercle et devient le meneur de jeu.

Variantes

Suivant la thématique travaillée, le jeu change de nom. Il devient « la salade de fruits » lorsque l'on travaille les fruits, « la lessive » lorsque l'on travaille les vêtements...

LE LOTO

Matériel : Une grille par joueur ou par binôme – Des cartes images – Un sac à pioche – Autant de jetons que de cases

Organisation : Individuelle – Binômes

Niveau / âge : À partir de 5 ans **Dans le fichier :** ☞ p. 57 ; p. 69 ; p. 71 ; p. 74 ; p. 76

Description du jeu

Après avoir réactivé le vocabulaire nécessaire au jeu, l'enseignant distribue à chaque élève ou chaque binôme une grille de jeu et le nombre de jetons nécessaires. Les élèves cachent 3 éléments de leur choix, ou plus si vous le souhaitez.

L'enseignant sort ensuite de son sac à pioche, ou de sa pile de cartes images, des cartes qu'il nomme les unes après les autres sans les montrer. Les cartes images nommées ne sont pas reposées dans le sac ou dans la pile.

Lorsque les élèves reconnaissent sur leur grille un des éléments nommés, ils placent un jeton sur la case correspondante. Le premier qui a sa grille recouverte crie : « J'ai gagné ! » ou « Bingo ! ».

Ne pas oublier la phase de vérification.

Variante pour la production orale

L'enseignant montre la carte image tirée de son sac et les élèves doivent la nommer. Penser à faire animer le jeu par des élèves.

Variantes pour la compréhension écrite

1. Les cartes tirées par l'enseignant sont des mots montrés aux élèves sans parler.
2. Les grilles de cartes images sont remplacées par des grilles de cartes mots.

LE JEU DE PISTE

Matériel : Une piste de jeu par joueur ou par binôme – Des cartes images – Un sac à pioche – 5 jetons par piste

Organisation : Individuelle – Binômes **Niveau/âge :** À partir de 6 ans **Dans le fichier :** ☞ p. 59

Description du jeu

L'enseignant distribue à chaque élève ou chaque binôme une piste de jeu et 5 jetons. Il sort ensuite de son sac à pioche des cartes qu'il nomme les unes après les autres sans les montrer. Puis il les remet dans le sac. Les élèves doivent attendre que l'enseignant annonce le premier élément de leur jeu de piste pour pouvoir y déposer un pion. Contrairement au LOTO, les élèves doivent placer les jetons dans l'ordre chronologique de leur piste. Si l'enseignant commence le jeu en disant « peindre », seuls les enfants ayant « peindre » comme premier élément de leur piste pourront placer leur pion sur « peindre ». Si « peindre » est le deuxième élément de leur piste et « chanter » le premier, ils ne pourront pas placer leur pion sur « peindre » tant qu'ils n'auront pas placé au préalable un pion sur « chanter ». Il peut y avoir deux fois le même élément sur la même piste.

Le premier qui a rempli sa piste crie : « Bien arrivé ! ». La phase de vérification se fait au fur et à mesure.

Variantes

1. Le meneur de jeu ne nomme pas les mots mais les mime, les bruite, montre les mots écrits.
2. Les pistes sont une succession de mots.

Variante pour la production orale

L'enseignant montre l'image tirée de son sac et les élèves doivent la nommer.

LA BATAILLE NAVALE

Matériel : Un plateau de jeu à fabriquer (pas obligatoire) – Les grilles du jeu – Autant de pions que nécessaire

Organisation : Groupe classe – Enseignant-élèves – Petits groupes – Binômes

Niveau/âge : À partir de 5 ou 6 ans. Prérequis : savoir se repérer dans un tableau à double-entrée

Dans le fichier : ☞ p. 60

Description du jeu

Les élèves ont chacun une grille identique avec sur la ligne du haut des objets (exemple : le matériel scolaire) et sur la première colonne, à gauche, d'autres éléments (exemple : des couleurs).

Exemple : chaque élève va choisir de quelle couleur est un objet en plaçant un pion à l'intersection de l'objet et de la couleur. Les élèves devront deviner de quelle couleur sont les objets du camarade avec lequel il joue. Le vainqueur sera celui qui aura trouvé le premier toutes les couleurs du matériel scolaire de son camarade de jeu.

Prérequis

1. L'enseignant vérifie que les élèves savent utiliser un tableau à double-entrée. Il leur demande de montrer sur le plateau l'endroit où se croisent les deux éléments cités. Exemples : un crayon rouge, des ciseaux verts.
2. L'enseignant apprend aux élèves à jouer contre lui à partir du jeu traditionnel (alphabet et nombres ; bateaux et phrases « dans l'eau », « touché », « coulé »).
3. L'enseignant crée de nouveaux plateaux : les bateaux sont remplacés par d'autres thèmes (les vêtements, les animaux...).
4. L'enseignant aide les élèves à devenir autonomes dans l'utilisation du jeu (à partir de 7 ans).

Fiche n°1

Le mémory des Legrand

Unité 1

Jeux à construire

Découpe les cartes et joue au mémory.

Fiche n°2

La toupie

Unité 1

Jeux à construire

1 Colorie les triangles.

2 Découpe la forme.

3 Enfile l'allumette.

4 Joue avec ta toupie.

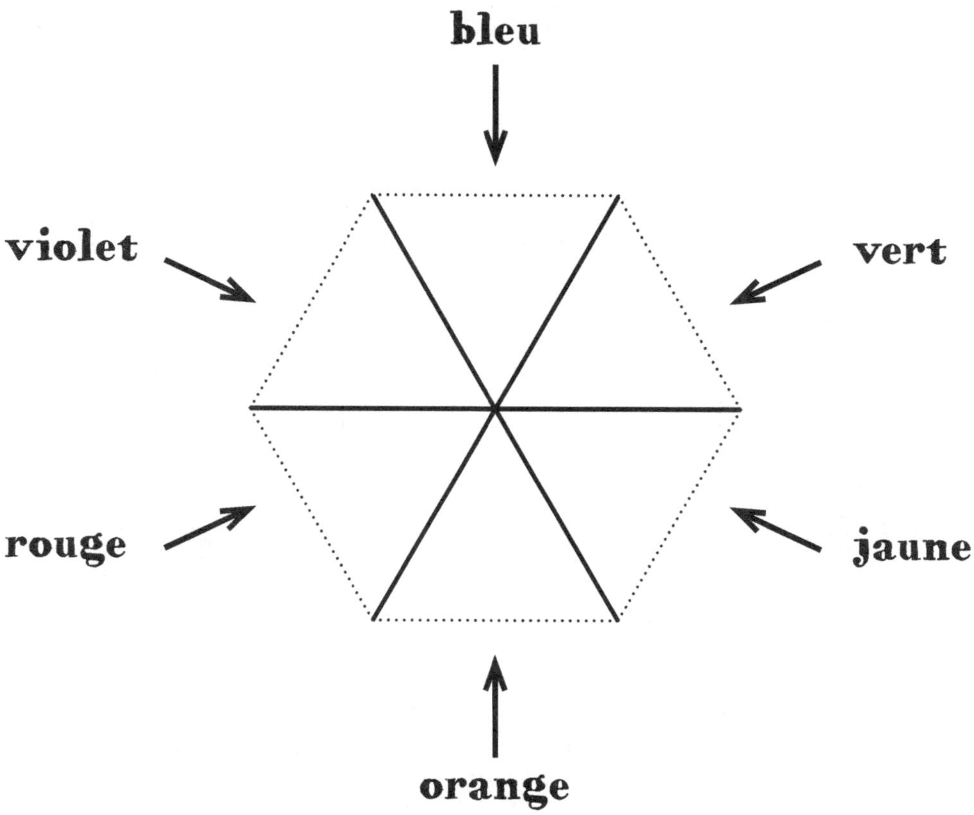

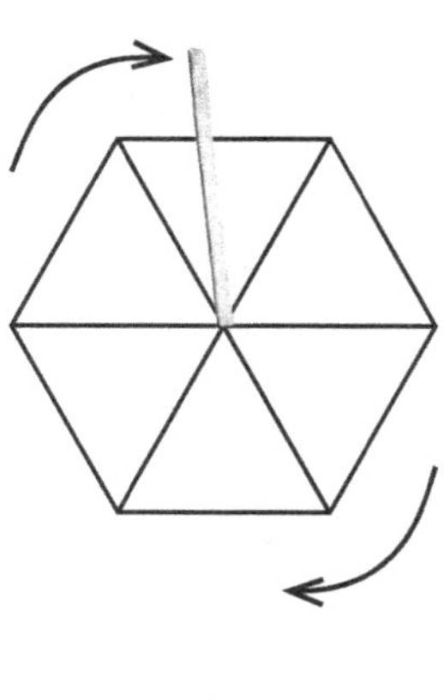

une allumette

Fiche n°3

Le dé bilan

Unité 1

Jeux à construire

1 Fabrique puis lance le dé.

2 Regarde la face du dé et pose la question qui correspond à un camarade.

: Comment tu t'appelles ?

: Quelle est ta couleur préférée ?

: Tu as quel âge ?

: Qu'est-ce que c'est ?

: Qu'est-ce qu'elle fait ?

: Allô ! Ça va ?

Fiche n°4

Le sudoku des actions

Unité 2

Jeux à construire

Fiche pour le professeur

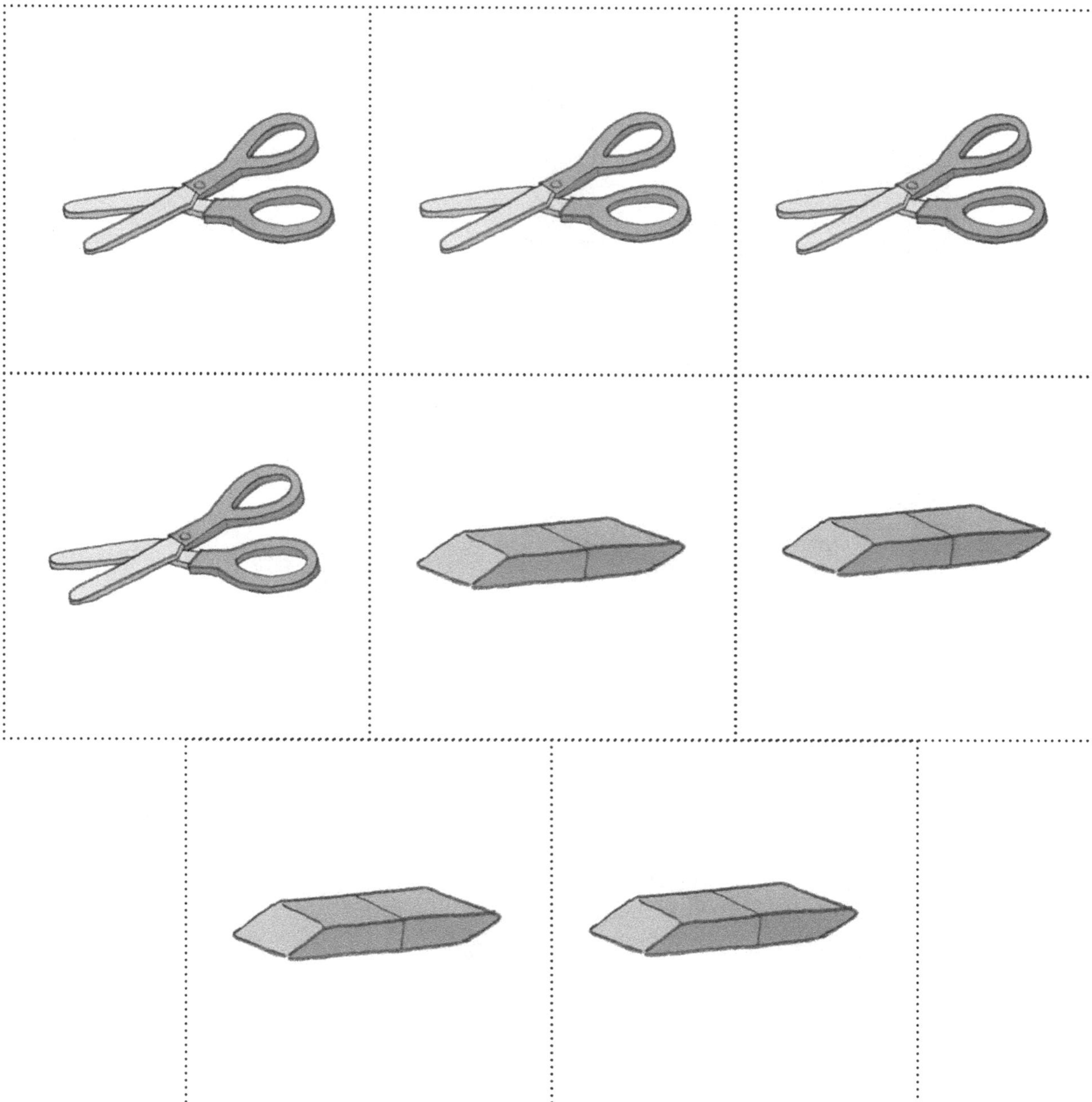

Unité 2

Jeux à construire

Le sudoku des actions

Fiche pour le professeur

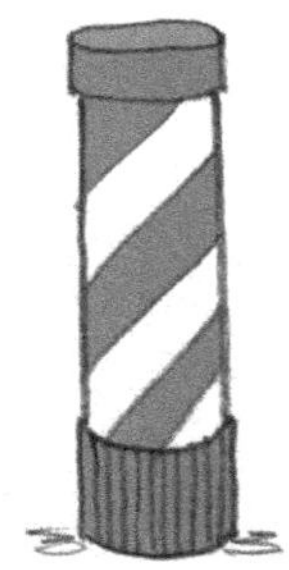

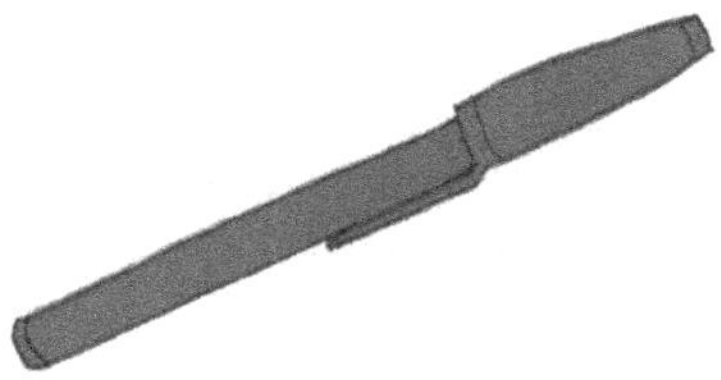
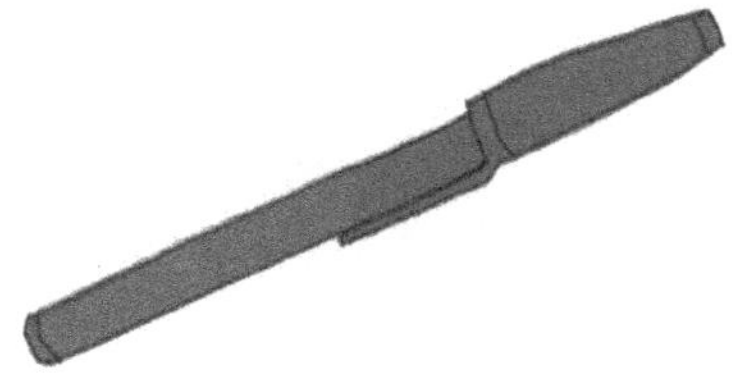
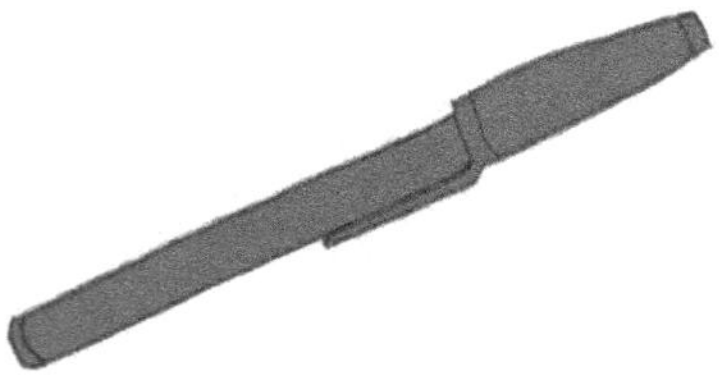
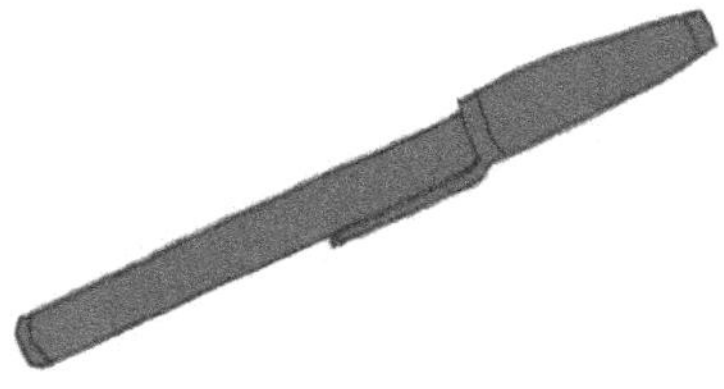

Unité 2

Jeux à construire

Le sudoku des actions

Fiche pour l'élève

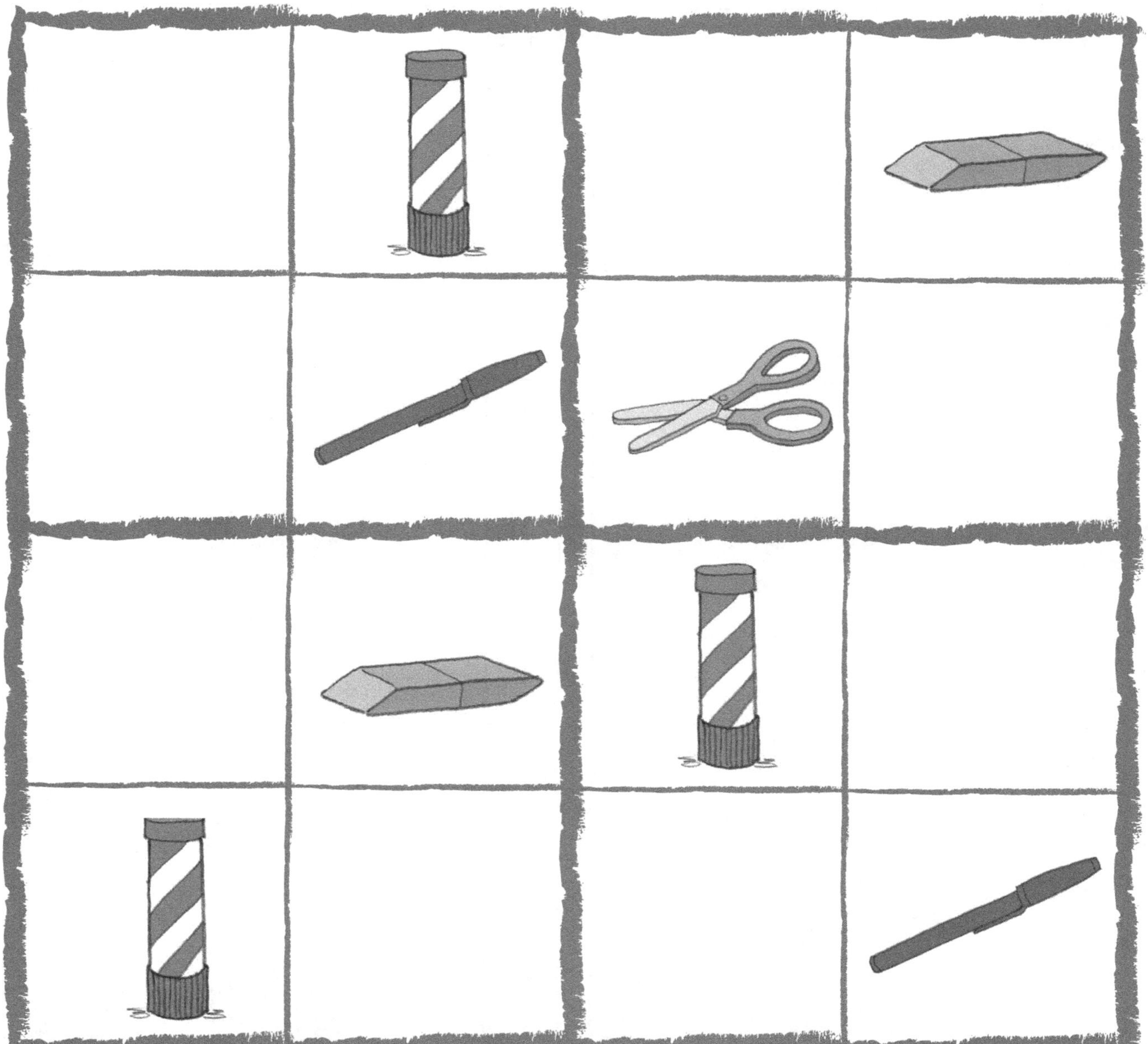

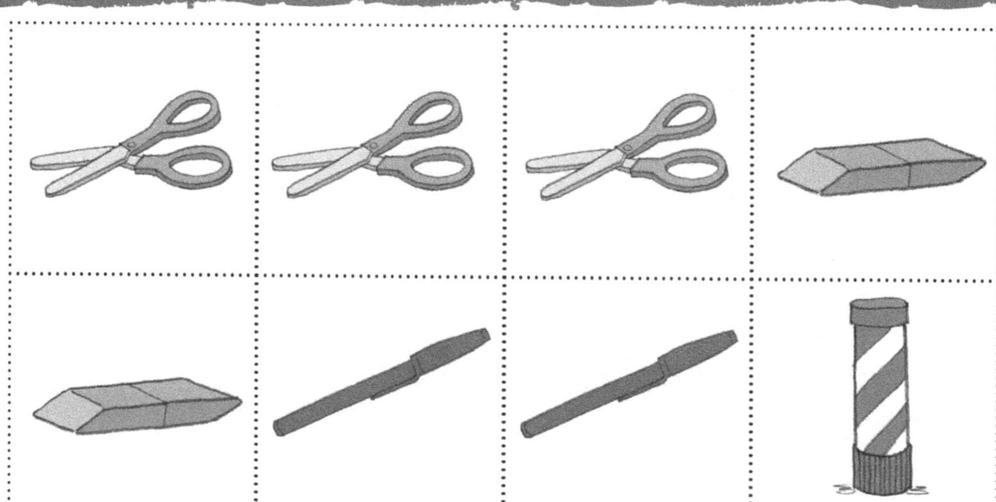

Fiche n°5

Le jeu des 4 familles

Unité 3

Jeux à construire

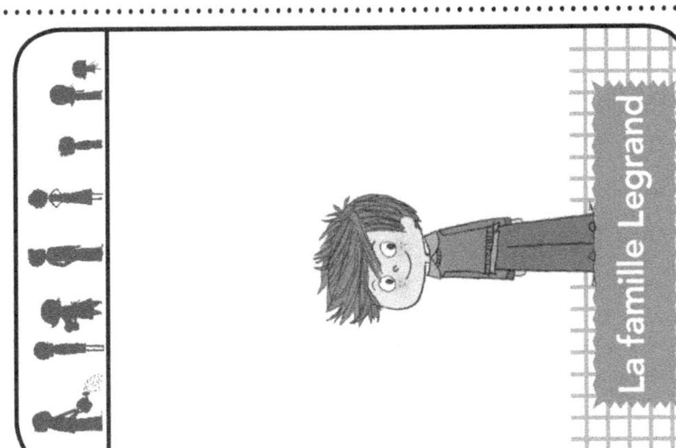

Unité 3

Jeux à construire

Le jeu des 4 familles

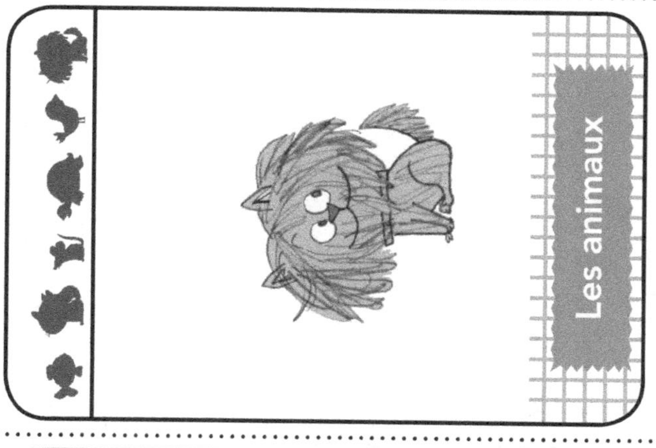

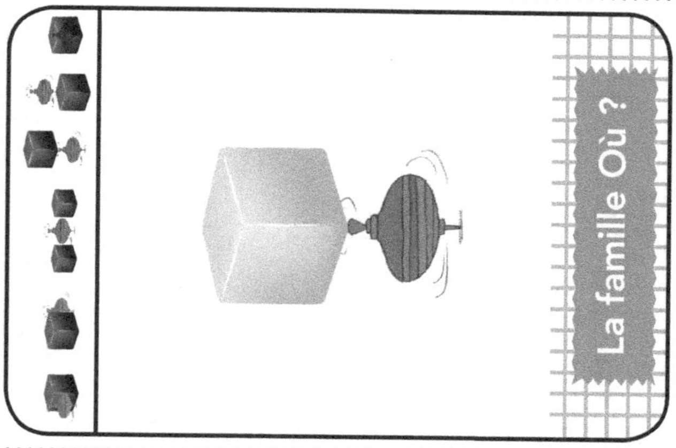

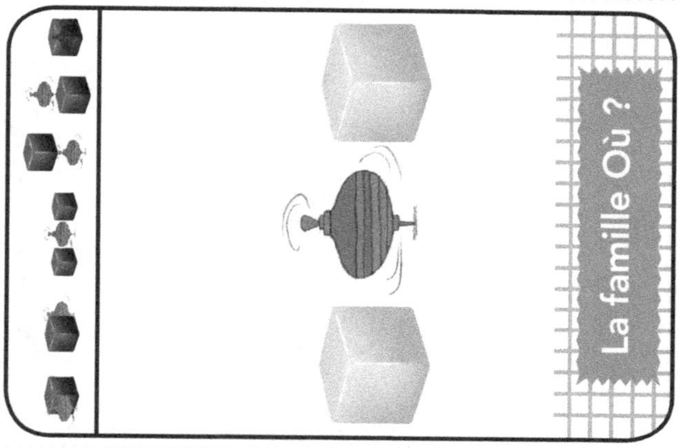

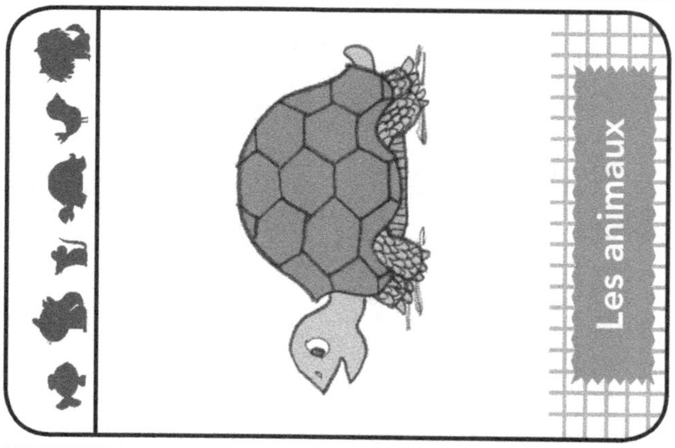

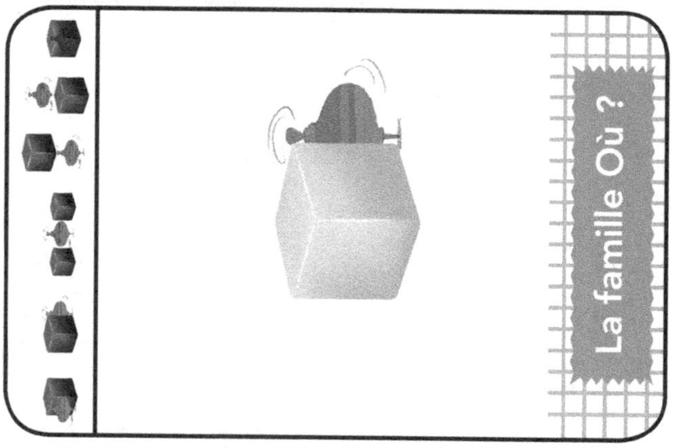

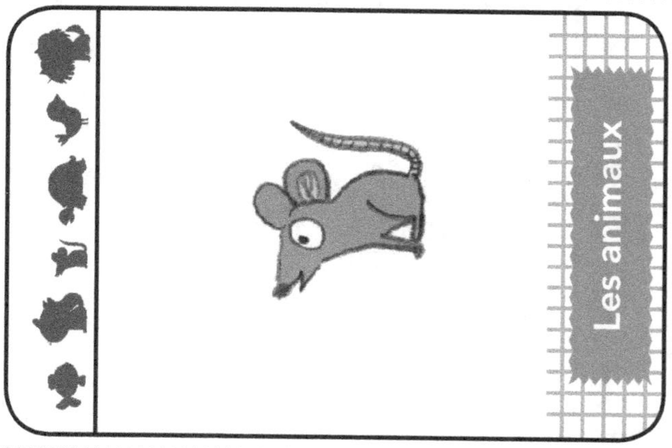

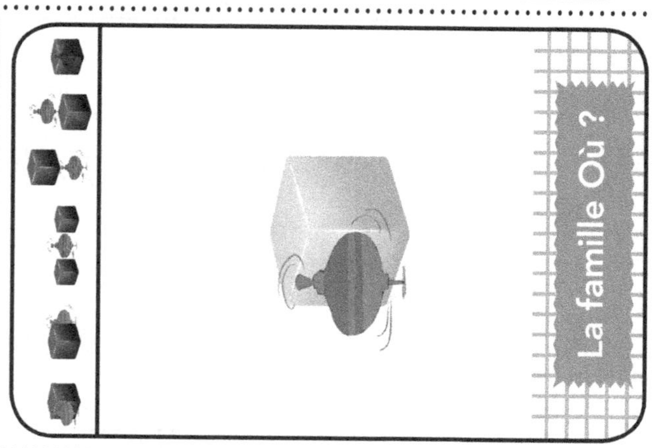

Unité 3

Jeux à construire

Le jeu des 4 familles

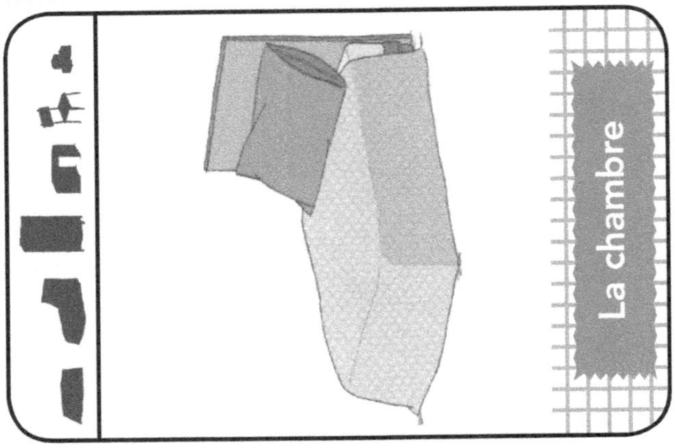

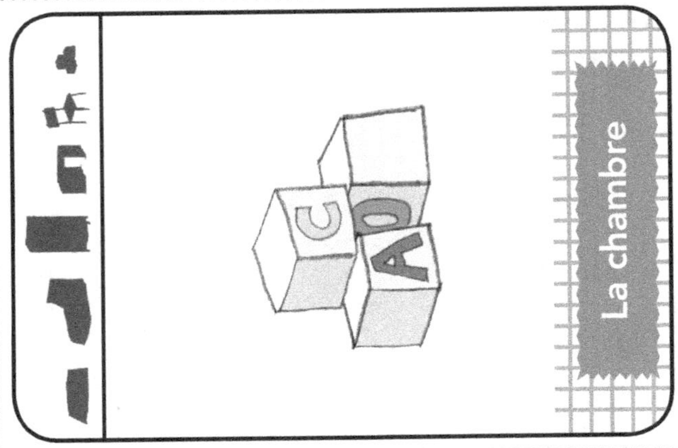

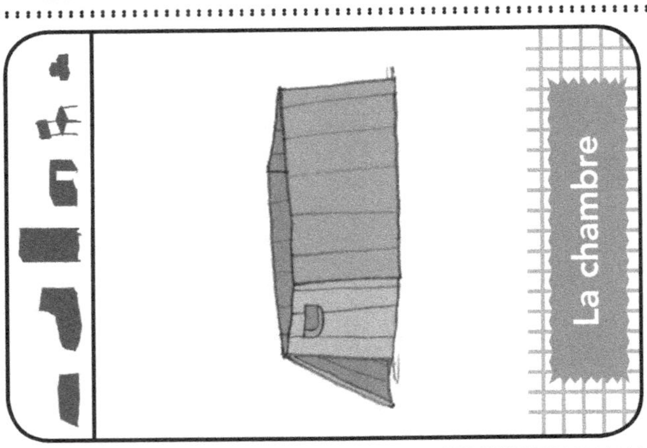

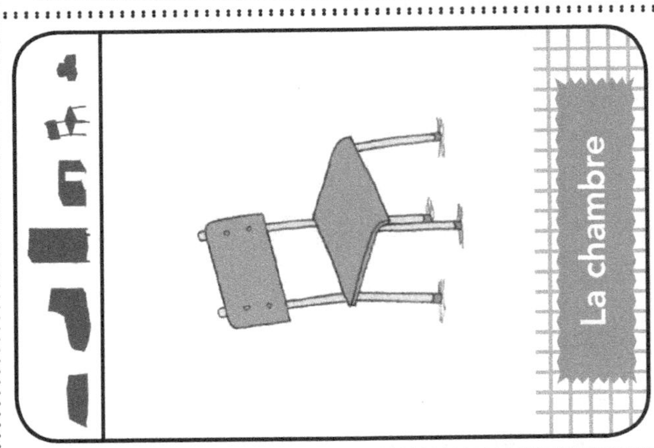

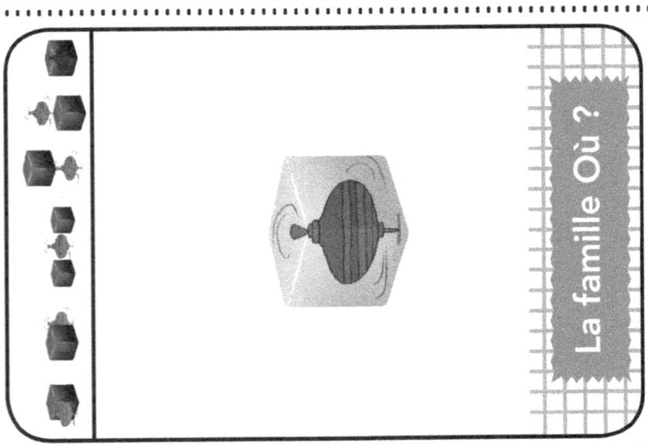

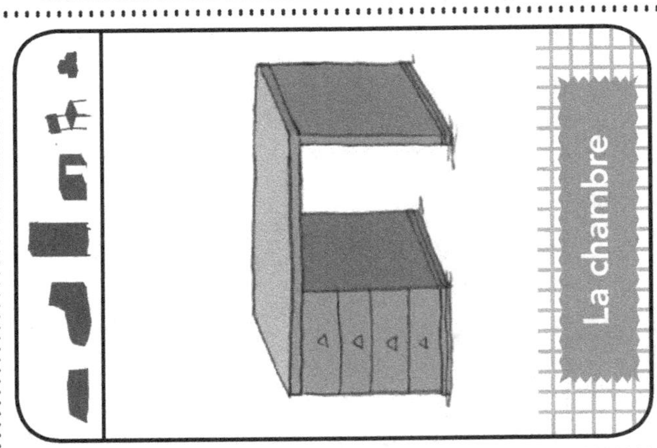

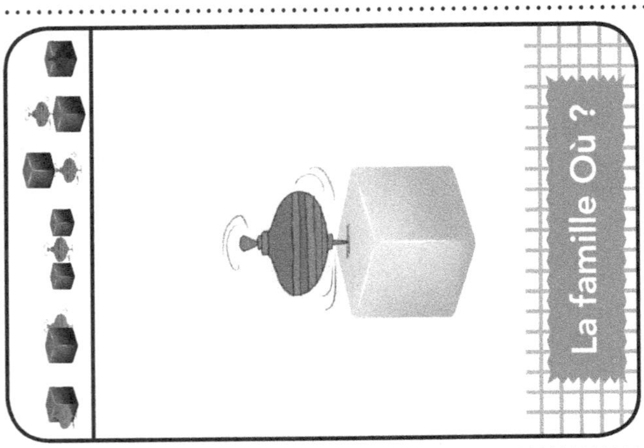

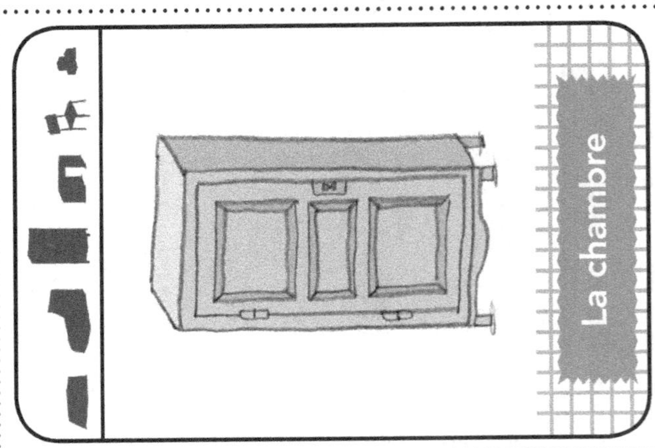

Fiche n°6

Le dé du bonhomme

Unité 4

Jeux à construire

1 Fabrique puis lance le dé.

2 Regarde la face du dé et dis la phrase qui correspond.

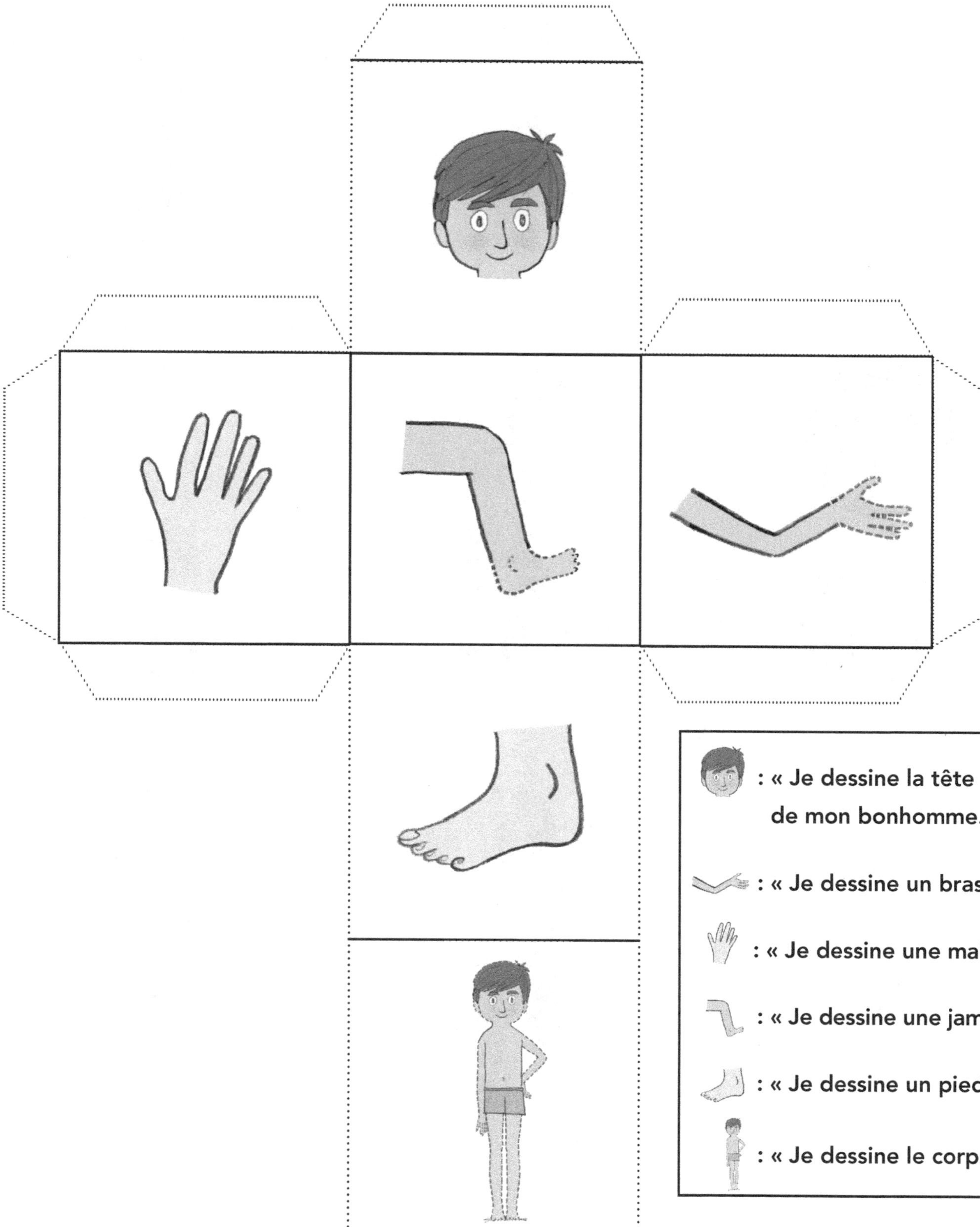

: « Je dessine la tête de mon bonhomme. »

: « Je dessine un bras. »

: « Je dessine une main. »

: « Je dessine une jambe. »

: « Je dessine un pied. »

: « Je dessine le corps. »

Fiche n°7

Le morpion sportif

Unité 4

Jeux à construire

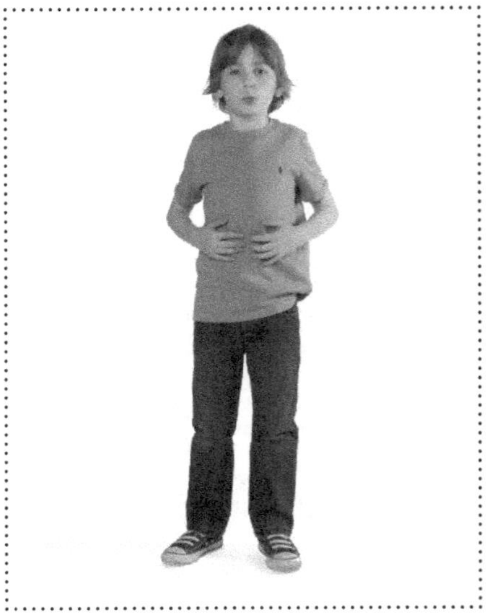

Fiche n°8

Les dominos des aliments

Unité 5

Jeux à construire

Découpe les dominos et joue.

une assiette | 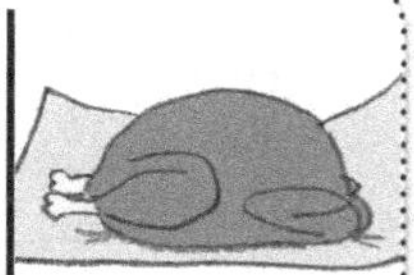

du poulet | 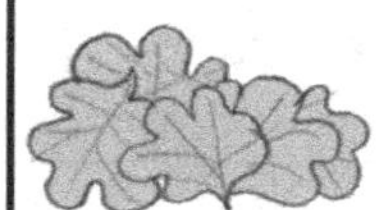

de la salade | 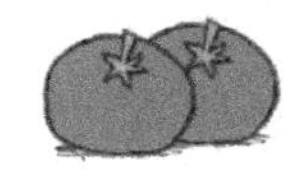

des tomates | 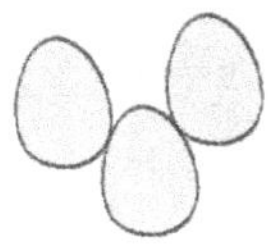

des œufs | 

du pain | 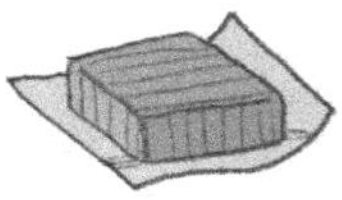

du fromage | 

un verre | 

un couteau | 

une grande cuillère | 

une petite cuillère | 

une fourchette | 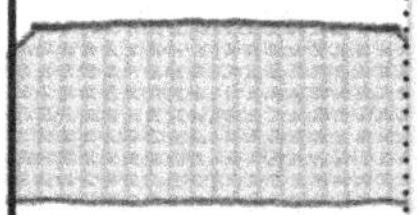

une nappe | 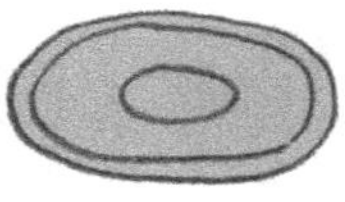

une assiette | 

Domino supplémentaire pour continuer avec la page 52.

Unité 5

Jeux à construire

Les dominos des aliments

du riz 	un kiwi 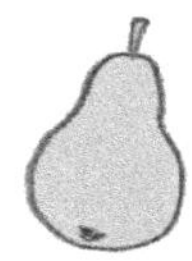	une poire 
du raisin 	une pêche 	une fraise 
une pomme 	un abricot 	une banane 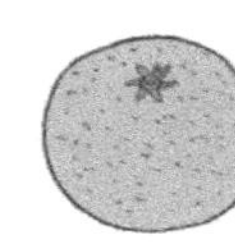
une orange 	une cerise 	un paquet de bonbons 
une bouteille de jus de pomme 	une tasse de café 	un bol de lait chaud 
de la viande 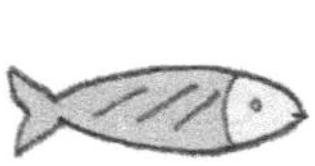	du poisson 	des pâtes 
des pommes de terre 	des frites 	du riz 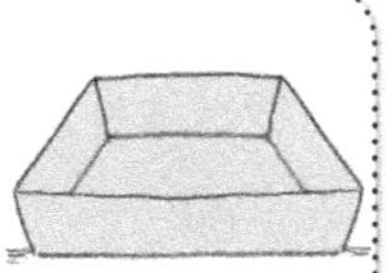

Domino supplémentaire pour continuer avec la page 53.

Unité 5

Jeux à construire

Les dominos des aliments

un plat	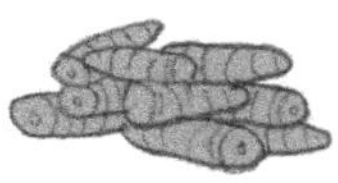
des carottes	
un yaourt	
des fruits	
une glace	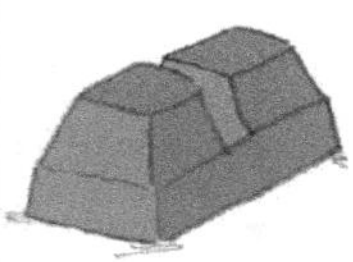
un morceau de chocolat	
des bonbons	
des chips	
du pop-corn	
des gâteaux	
pas de sel	
un peu de sucre	
beaucoup de sucre	
du fromage blanc	
une boîte de pêches au sirop	
3 sachets de sucre vanillé	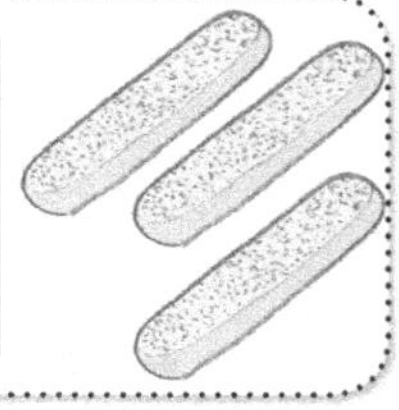
des biscuits à la cuillère	
un saladier	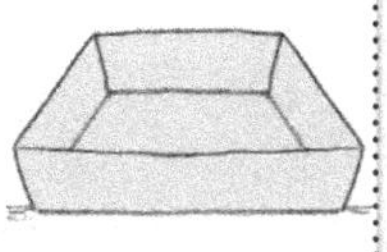
un plat	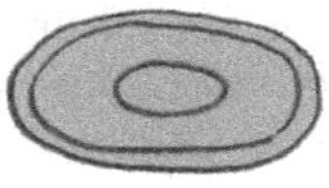

Domino supplémentaire pour continuer avec la page 51.

Fiche n°9

Unité 6

Jeux à construire

Promenons-nous dans les bois

Réactiver le vocabulaire des vêtements à l'aide des cartes images
Faire écouter la chanson « Promenons-nous dans les bois » et demander aux élèves de numéroter les vêtements qu'ils entendent dans l'ordre de leur apparition.

Réactiver le vocabulaire des couleurs
Demander aux élèves de mettre sur leur table les couleurs dont ils auront besoin plus deux autres couleurs dont ils n'auront pas besoin. Faire de nouveau écouter la chanson et leur demander de faire une croix sur chaque vêtement entendu en choisissant la bonne couleur.
Inviter les élèves à colorier les vêtements et à les présenter.

Fiche n°10

L'embouteillage

Unité 6

Jeux à construire

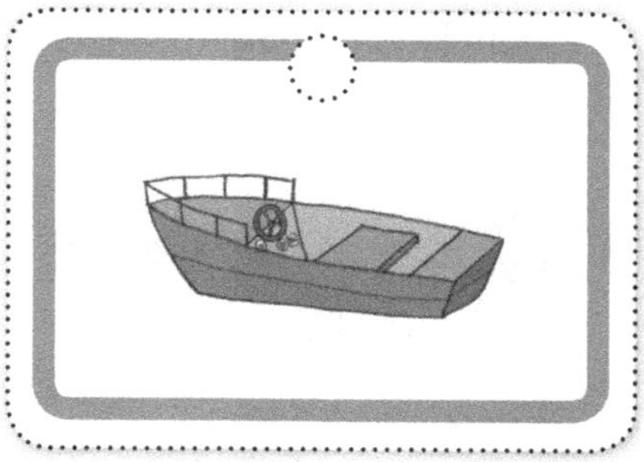

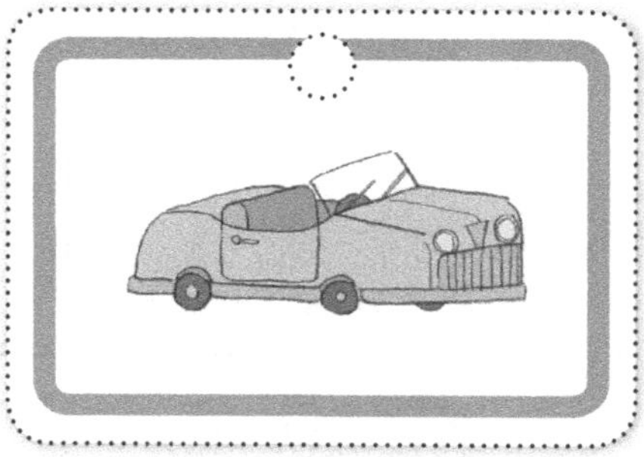

Fiche n°11

Le dé de la météo

Unité 6

Jeux à construire

1 Fabrique puis lance le dé.

2 Regarde la face du dé et réponds à la question : « Quel temps fait-il ? »

3 Regarde la face du dé et dis si le temps correspond au temps qu'il fait chez toi. Exemple : Le dé s'arrête sur « Il y a du soleil. » mais chez toi « Il pleut. » ; tu dis : « Il n'y a pas de soleil. Il pleut. »

4 Utilise le dé pour prévoir la météo de la semaine.

Fiche n°12

Le loto des nombres de 0 à 12

Unité 1

Jeux interactifs

Grille avec les nombres en chiffres

1	7	0	10	4
	3		8	12
5	9	6	11	2

Grille avec les nombres en lettres

quatre	dix	deux	douze	
cinq	un	six	neuf	sept
huit		onze	trois	zéro

Fiche n°13

Unité 1

Jeux interactifs

Les formes et les couleurs

1 Colorie les formes.

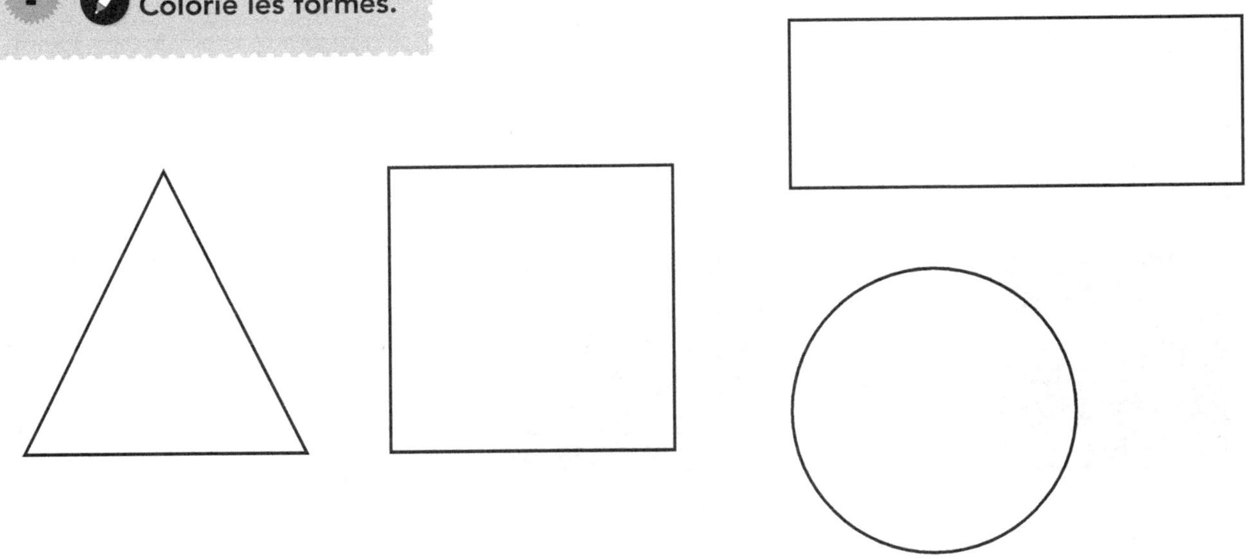

Moi : ....

2 Interroge ton camarade.

3 Colorie les formes de ton camarade.

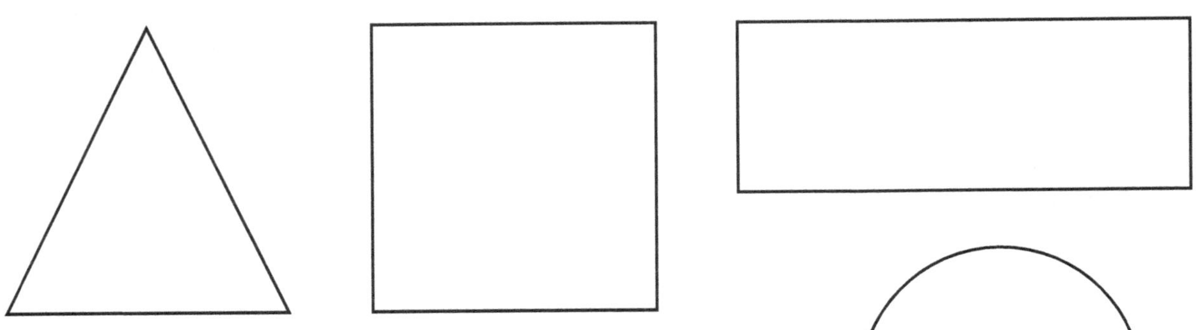

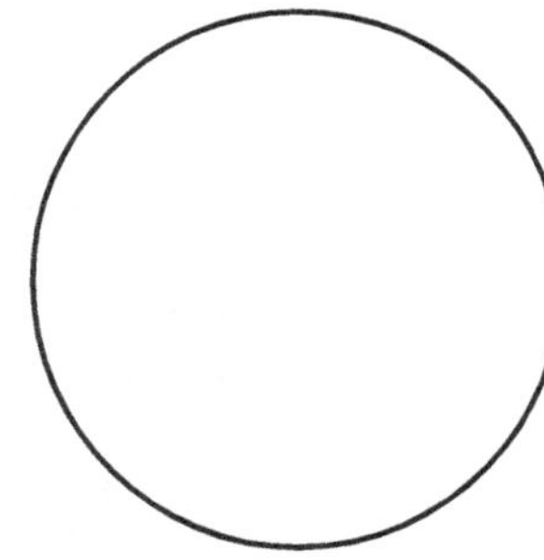

Toi : ....

Fiche n°14

La piste des verbes

Unité 1

Jeux interactifs

1 Choisis une piste « dessins ».
Écoute ton professeur et déplace ton pion.

2 Prends la place de ton professeur.

3 Choisis une piste « mots ».
Écoute ton professeur et déplace ton pion.

1	chanter	peindre	sauter	téléphoner	apprendre	courir
2	peindre	sauter	sauter	chanter	courir	téléphoner
3	chanter	téléphoner	courir	peindre	apprendre	chanter

Fiche n°15

La bataille navale : le matériel scolaire

Unité 2

Jeux interactifs

On n'entend pas les accords à l'oral : bleu – jaune – rouge – orange – noir – marron – rose (choisir 5 couleurs parmi les 7).

	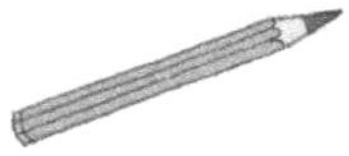				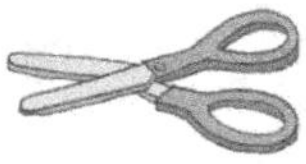	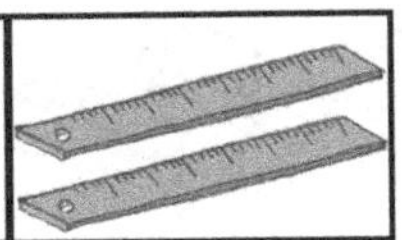
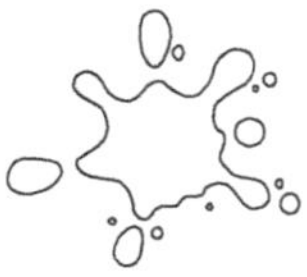						

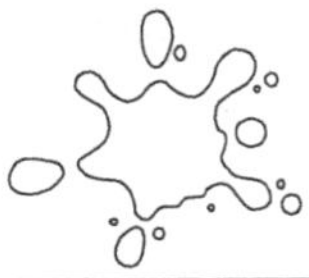						
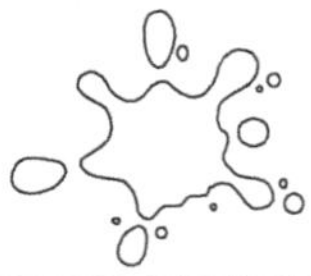						
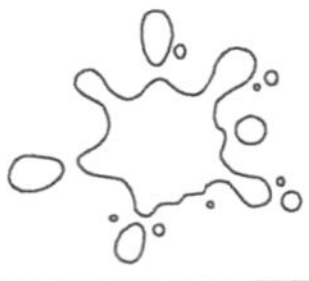						

On entend les accords à l'oral : vert – violet – blanc.

	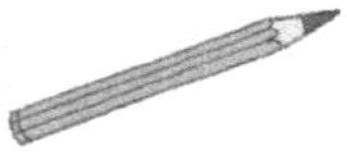				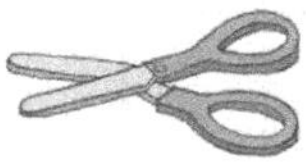	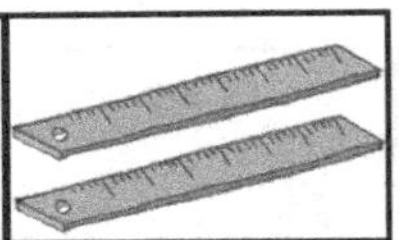
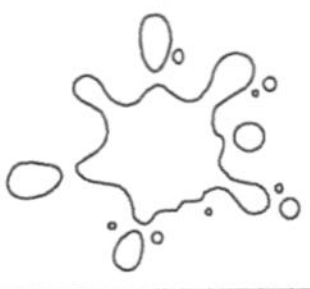						
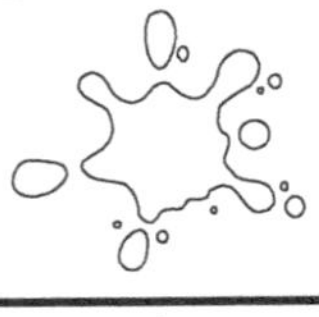						
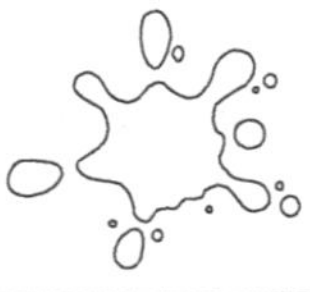						

Fiche n°16

Les dessins numérotés

Unité 2

Jeux interactifs

Choisis un dessin.

Dicte les nombres à un camarade.

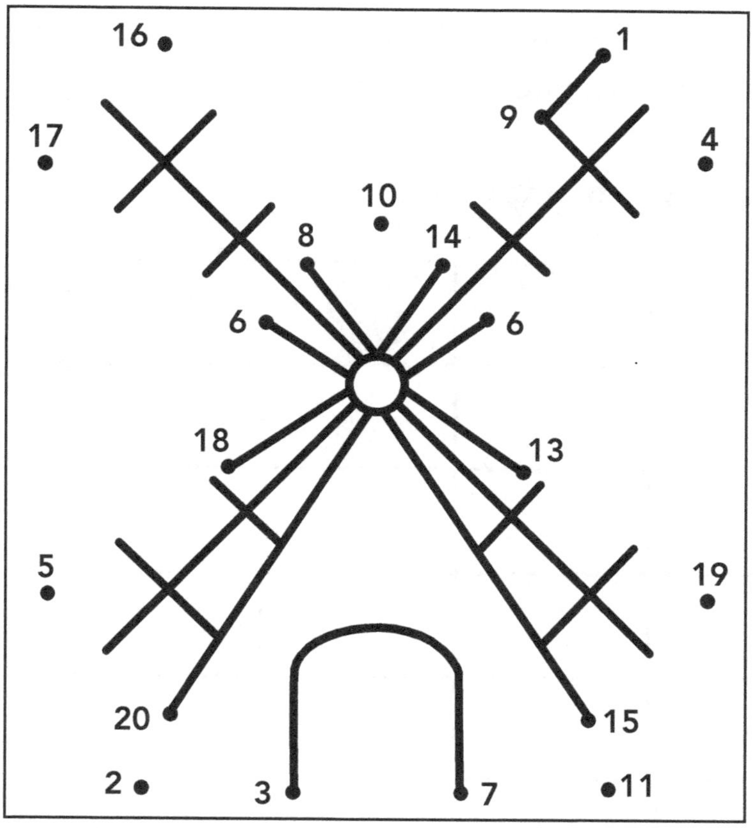

1	9	14	8
19	13	7	4
20	6	18	3
15	11	17	2
5	10	12	16
1			

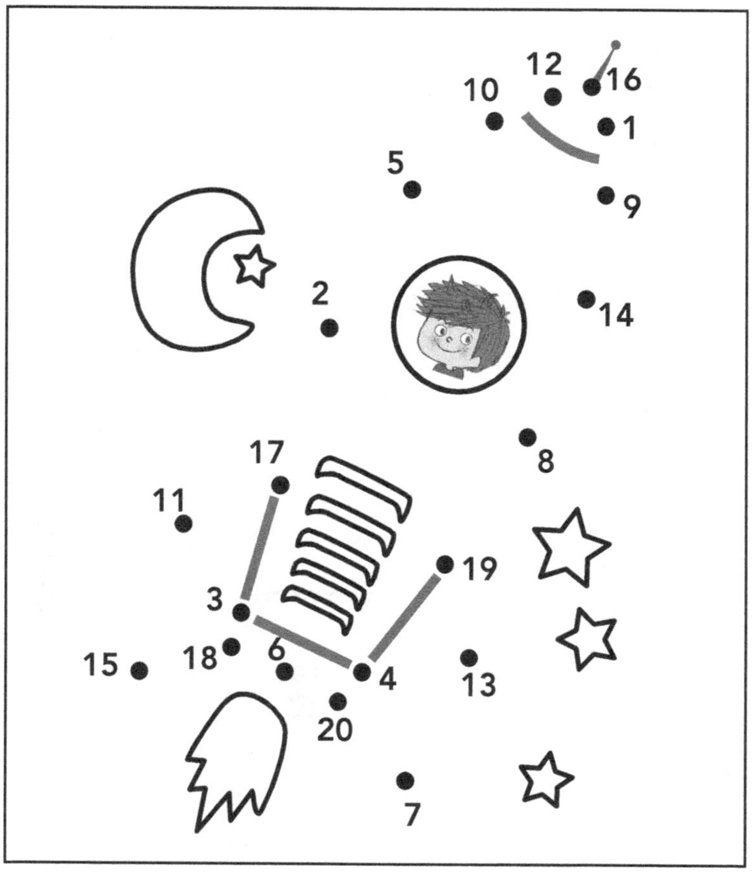

1	4	6	13
19	15	11	7
3	2	20	5
18	6	17	16
8	10	14	9

Fiche n°17

Unité 2

Jeux interactifs

Sondage : l'école

Qu'est-ce que vous aimez faire à l'école ?

lire – compter – chanter – réciter – dessiner – ....

1 **Interroge 4 camarades et écris.**

						....
....						
....						
....						
....						

Moi, j'aime ....

.... aime ....

.... aime ....

.... aime ....

.... aime ....

2 **Mets en commun tes résultats avec ceux de tes camarades.**
Quels sont vos 3 activités préférées à l'école ?
Écris leurs noms puis dessine-les.

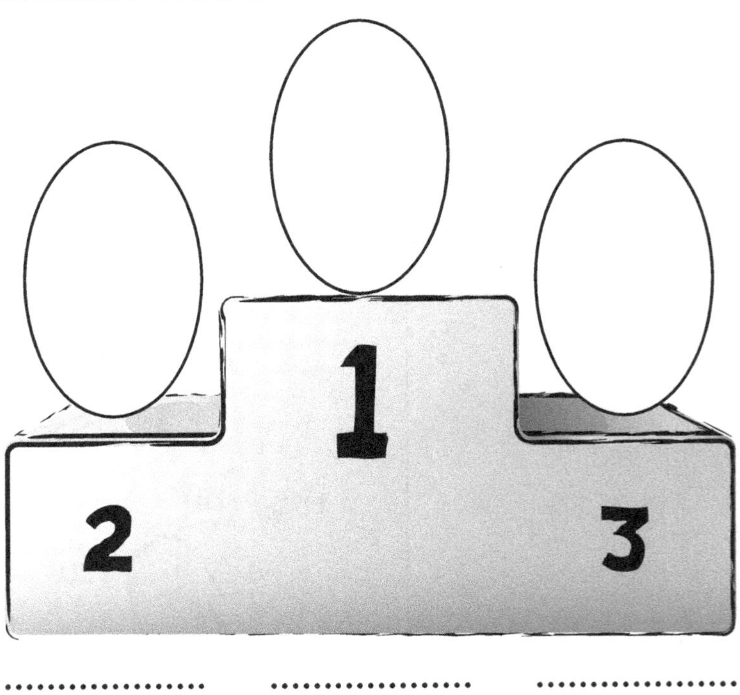

....

Fiche n°22

Le dé des émotions

Unité 4

Jeux interactifs

1 Fabrique le dé.

2 Pose la question : « Tu te sens comment aujourd'hui ? » et lance le dé.

3 Regarde la face du dé et dis ton sentiment du jour.
Exemple : la face du dé montre Bastien triste.
- Tu es triste, tu dis : « Je suis triste. »
- Tu n'es pas triste, tu dis : « Je ne suis pas triste, je suis… »

Fiche n°23

Ils ont mal où ?

Unité 4

Jeux interactifs

1 Dessine un pansement sur chaque personnage.

Moi : ....

2 Interroge ton camarade.

3 Dessine les pansements au bon endroit.

Toi : ....

Fiche n°24

Unité 4

Jeux interactifs

Le loto des animaux

Grille avec des dessins

Grille avec des mots

un poisson	un chat	un chien	une tortue	un canard
une souris	un oiseau	une grenouille	un cheval	un lapin

Fiche n°25

Où est le pain ?

Unité 5

Jeux interactifs

A

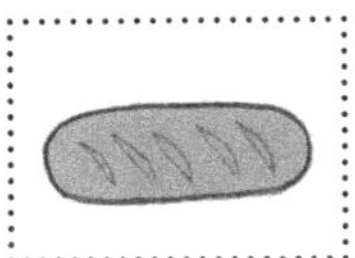

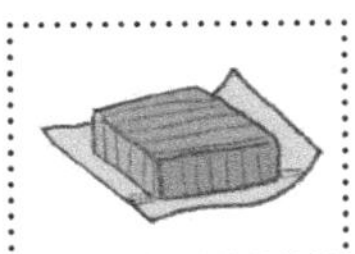

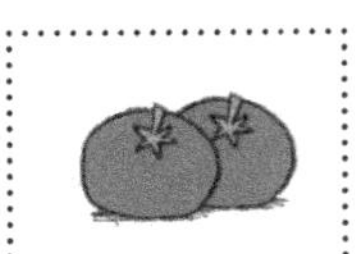

1 Découpe et colle les objets A où tu veux sur ton dessin.

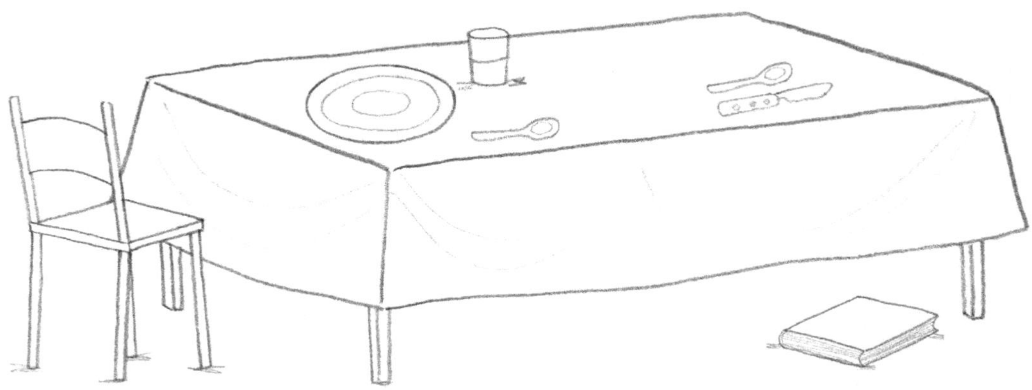

Moi : ....

B

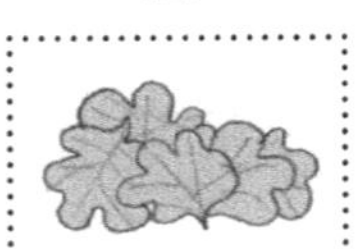

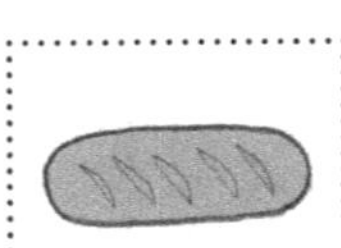

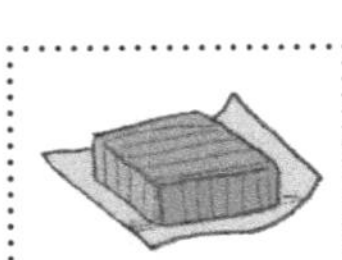

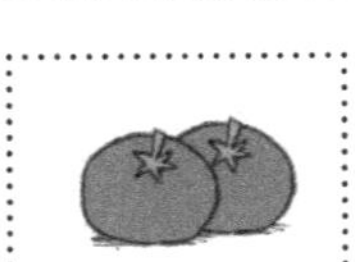

2 Découpe les objets B.

3 Interroge ton camarade et colle les objets B sur le dessin.

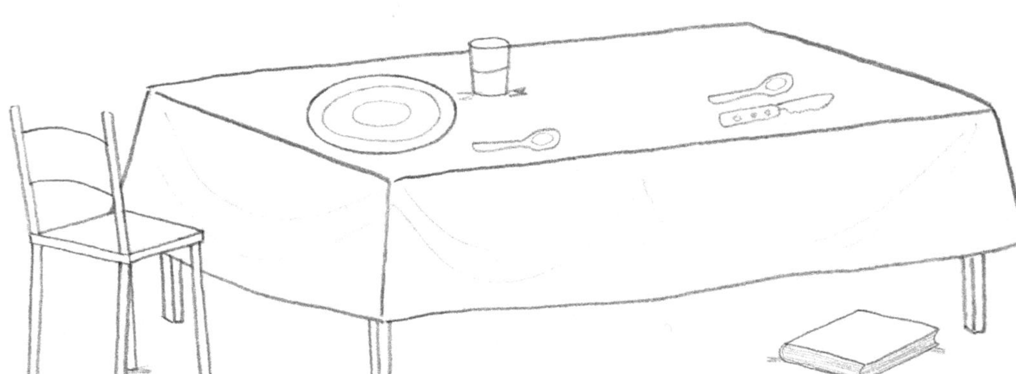

Toi : ....

Fiche n°26

Unité 5

Jeux interactifs

Le loto des aliments

Tu as 4 jetons. Place un jeton sur un plat, un accompagnement, un dessert, une boisson et devine le menu de ton camarade.

Grille avec des dessins

Grille avec des mots

de la viande	du poulet	du poisson	des pâtes
des pommes de terre	des carottes	du riz	des frites
un yaourt	des fruits	une glace	un morceau de chocolat
de l'eau	du coca	du jus de pomme	du jus d'orange

Fiche n°27

La recette

Unité 5

Jeux interactifs

1 Découpe les 6 cartes.

2 Retourne les cartes (face cachée) et joue avec ton camarade (vous avez chacun un tas de 6 cartes).

a. Retourne une carte et dis ce que fait Maty.

Exemple : « Elle ajoute des pêches. » Ce n'est pas la première étape de la recette ; tu reposes la carte face cachée.

b. Ton camarade retourne une carte de son tas et dit ce que fait Maty : « Elle coupe les fruits. » C'est la première étape de la recette ; il prend la carte et la met devant lui. Il peut rejouer.

Fiche n°28

Le livre

Unité 6

Jeux interactifs

1 Écoute ton professeur et colorie les vêtements.

2 Fabrique le livre.

3 Mélange les personnages.

4 Choisis un personnage et décris-le : ton camarade doit le retrouver. À son tour !

Fiche n°29

Unité 6

Jeux interactifs

Le loto des vêtements

Grille avec des dessins

Grille avec des mots

une chemise	des chaussettes	des chaussures	un chapeau
un pantalon	un pull	une chemise	une jupe
une robe	une casquette	une veste	un pyjama

Fiche n°30

La bande dessinée

Unité 6

Jeux interactifs

1 Découpe les 8 cartes.

2 Retourne les cartes (face cachée) et joue avec ton camarade (vous avez chacun 8 cartes).

a. Retourne une carte et dis ce que fait Maggie. Exemple : « Elle met sa chemise. » Ce n'est pas la première étape de la bande dessinée ; tu reposes la carte face cachée.

b. Ton voisin retourne une carte de son tas et dit ce que fait Maggie : « Elle enlève son pyjama. » C'est la première étape de la bande dessinée ; il prend la carte et la met devant lui. Il peut rejouer.

Fiche n°31

Unité 6

Jeux interactifs

Le loto des transports

Grille avec des dessins

Grille avec des mots

en fusée	en voiture	en train	en avion	à vélo
en bateau	en moto	en ballon	en bus	à pied

Fiche n°32

Sondage : les transports

Unité 6

Jeux interactifs

Comment préférez-vous voyager ?

à vélo – en voiture – à pied – en bateau – en train – en avion – ....

1 **Interroge 4 camarades et écris.**

				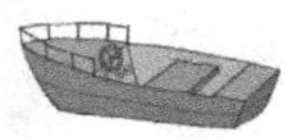			....
....							
....							
....							
....							

Moi, je préfère voyager ....

.... préfère voyager ....

.... préfère voyager ....

.... préfère voyager ....

.... préfère voyager ....

2 **Mets en commun tes résultats avec ceux de tes camarades. Quels sont vos 3 moyens de transport préférés ? Écris leurs noms puis dessine-les.**

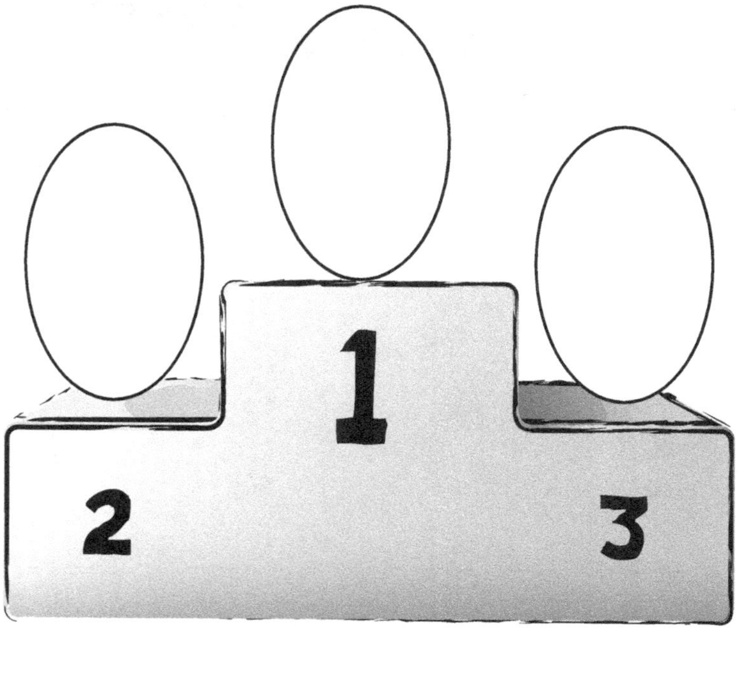

....

Fiche n°33

Combien ?

Unité 1

Jeux en autonomie

Compte et écris les nombres en chiffres et en lettres.

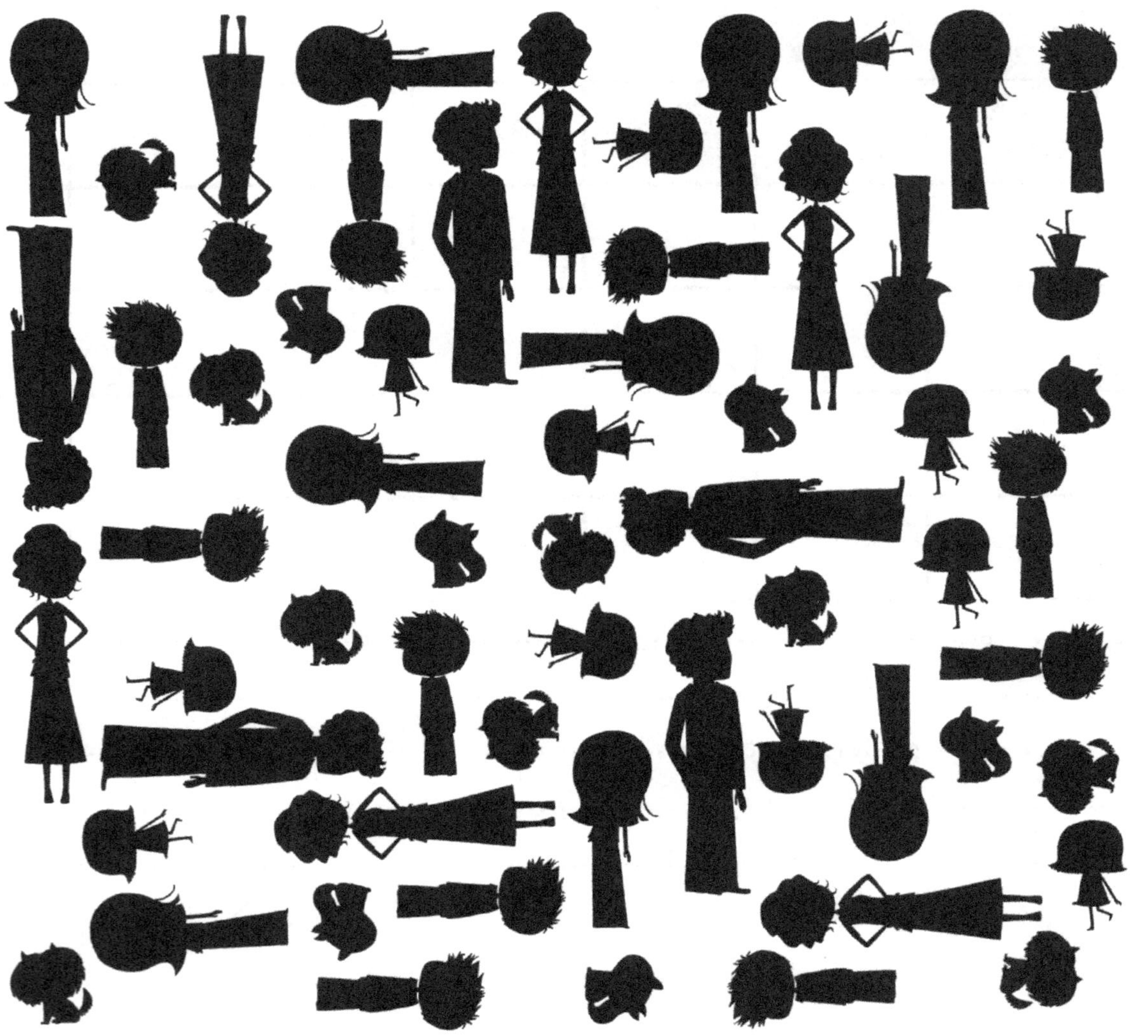

....	....	....	....	....	....	....
....	....	....	....	....	....	....

Fiche n°34

Les dominos

Unité 1

Jeux en autonomie

Découpe les dominos et joue.

Allô, ça va ?

Il s'appelle Léo.

Elle s'appelle Alice.

Je m'appelle Maggie.

J'ai trois ans.

Marie apprend l'anglais.

Ma toupie, elle tourne, elle tourne.

Elle chante.

Il court.

C'est la tour Eiffel.

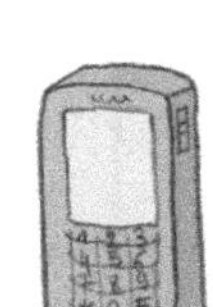

Fiche n°35

Les algorithmes

Unité 2

Jeux en autonomie

1 Regarde les suites 1 à 5 et complète.

2 Invente une suite.

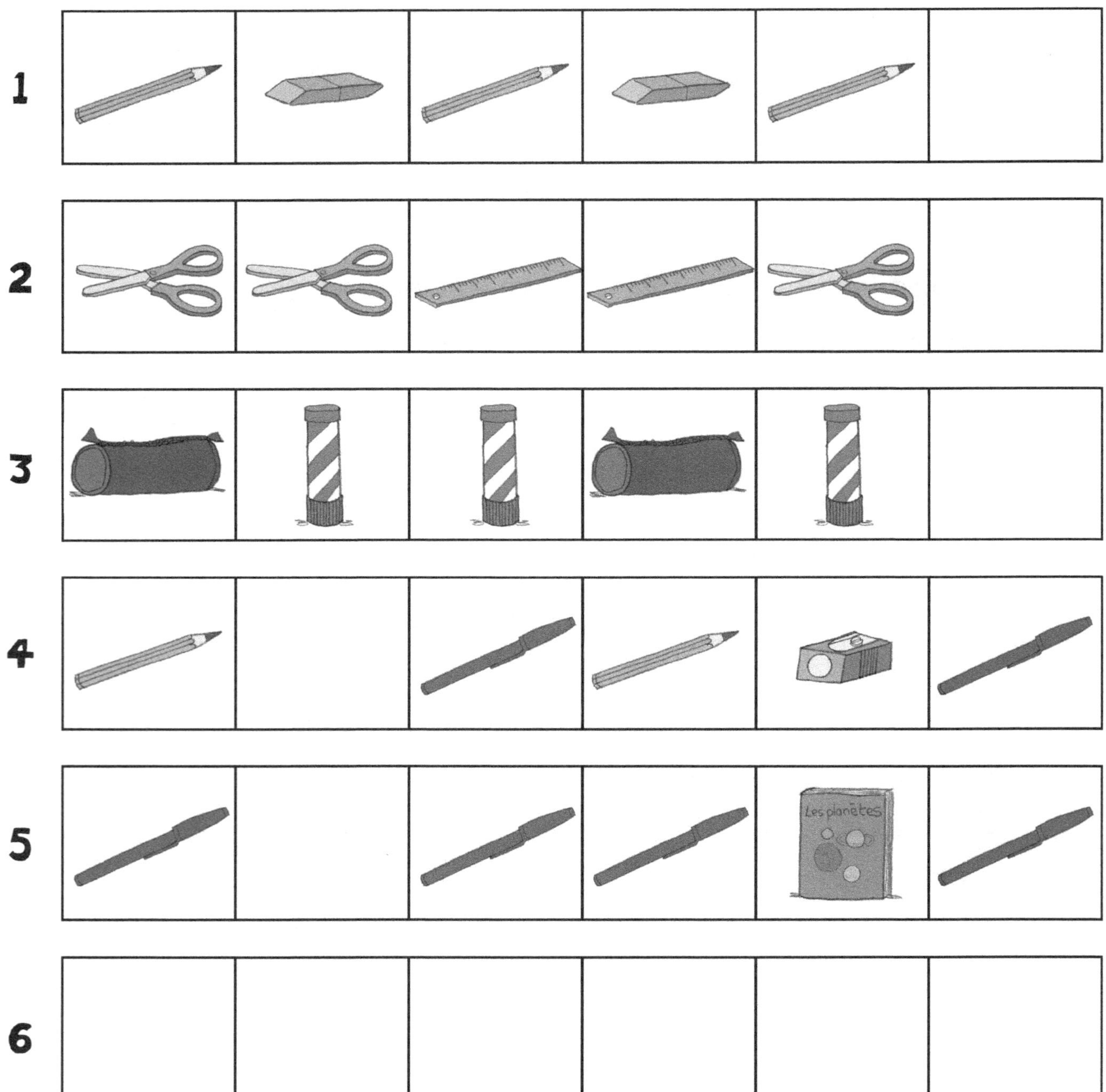

Fiche n°36

Unité 2

Jeux en autonomie

Le sudoku de la récré

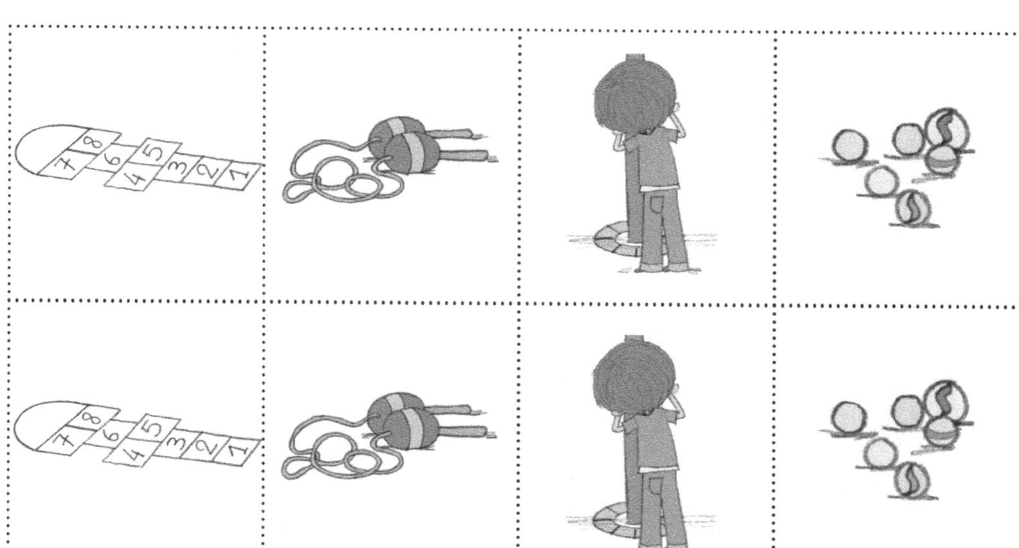

Fiche n°37

Unité 3

Jeux en autonomie

Le puzzle de la maison

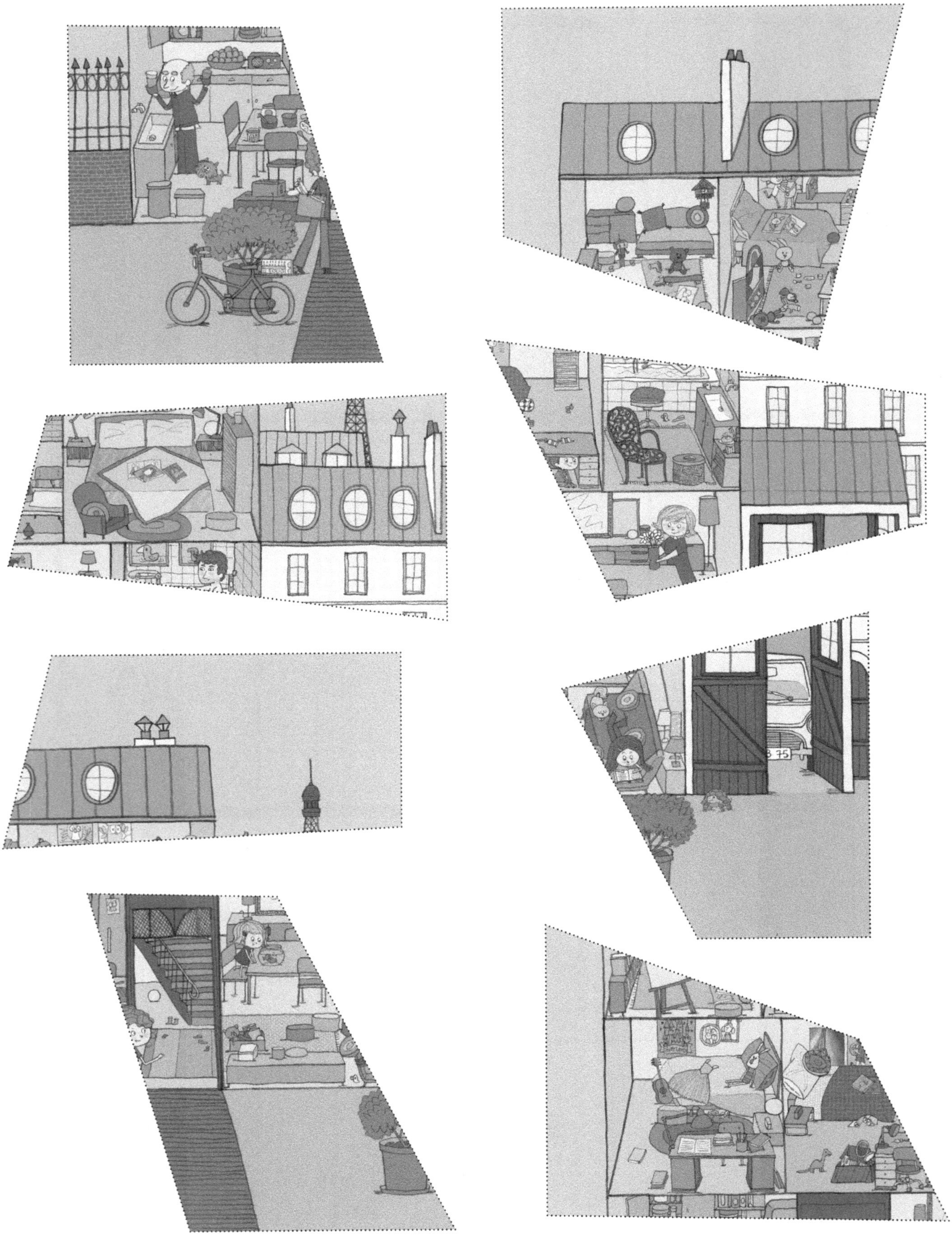

Fiche n°38

La famille

Unité 3

Jeux en autonomie

Fiche n°39

Les dominos des sentiments

Unité 4

Jeux en autonomie

1 Découpe les dominos.

2 Invente ton domino : dessine-toi et écris comment tu te sens aujourd'hui.

Elle a peur.

Il est triste.

Je suis ....

Elles sont fâchées.

Elle est fatiguée.

Elle est malade.

Ils sont contents.

Fiche n°40

Le mot croisé des aliments

Unité 5

Jeux en autonomie

1 2 3 … Compte les aliments et écris.

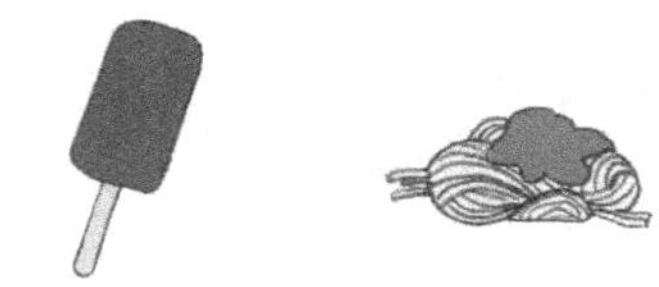

DESSERTS	SALADES	POISSONS	PÂTES	CAROTTES	SEL	FRITES	RIZ

Fiche n°41

Les dessins inachevés

Unité 5

Jeux en autonomie

Dessine et écris.

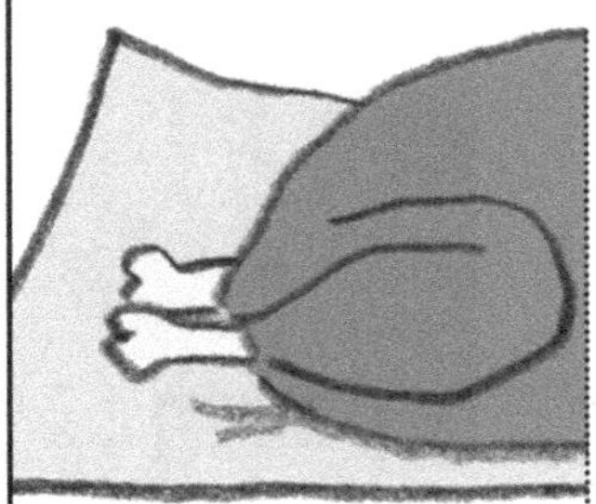

....

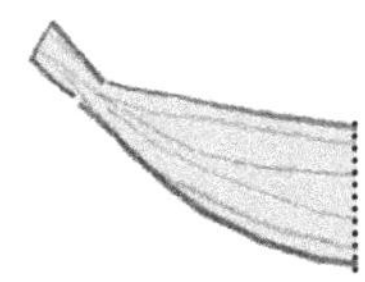

....

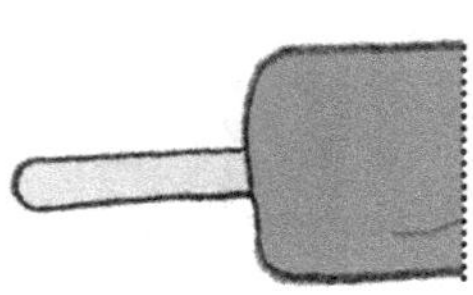

....

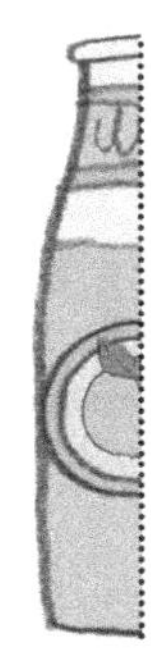

....

....

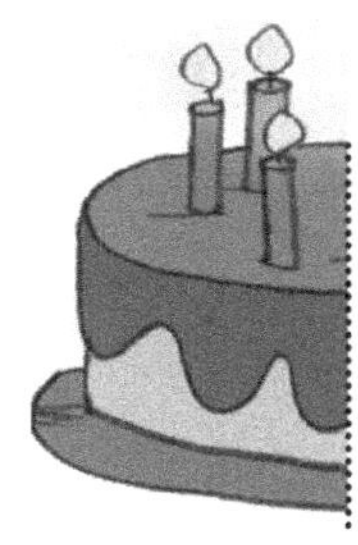

....

une glace	**du poulet**	**un jus de pomme**	**un gâteau**	**du poisson**	**une banane**

Fiche n°42

Les vêtements

Unité 6

Jeux en autonomie

1 Lis et colorie.

2 Colorie et écris.

Elle a un tee-shirt vert et une jupe marron. Elle a des chaussettes roses et des chaussures noires.

Il a un tee-shirt ....
et un pantalon ....
Il a des chaussettes ....
et des baskets ....

Fiche n°43

Le sudoku des transports

Unité 6

Jeux en autonomie

Chansons et poésies

Vous trouverez dans les pages suivantes des propositions d'activités permettant de garder une trace écrite des chansons et des poésies présentes dans le niveau 1 des *Loustics*. Les activités sont simples et consistent le plus souvent à illustrer les textes de manière originale.

Certaines activités font appel à des compétences de lecteurs, les élèves devant se repérer dans le texte ou faire correspondre texte et illustration.

☞ Le CD « Chansons et poésies » se trouve dans le cahier d'activités. Voici ci-contre un livret à faire personnaliser par les élèves.

Demander aux élèves de découper le rectangle et de le plier en deux. Ils pourront écrire et dessiner sur les faces blanches.

Vous pouvez également télécharger gratuitement les chansons et les poésies à l'adresse suivante : www.hachettefle.fr

Tes chansons

- Piste 1 : Je te dis bonjour
- Piste 2 : 1, 2, 3
- Piste 3 : Ma toupie
- Piste 4 : Mes petites mains
- Piste 5 : L'alphabet
- Piste 6 : Quand Fanny était un bébé
- Piste 7 : La famille tortue
- Piste 8 : Tête, épaule et genoux pieds
- Piste 9 : Pomme, pêche, poire, abricot
- Piste 10 : Promenons-nous dans les bois
- Piste 11 : Le carrousel
- Piste 12 : Vive le vent
- Piste 13 : Dans ton dos

Tes poésies

- Piste 14 : S'il te plaît
- Piste 15 : Tut ! Tut !
- Piste 16 : Qui a un chapeau ?
- Piste 17 : Bon appétit
- Piste 18 : Plic Ploc
- Piste 19 : La Chandeleur

Fiche n°1

Unité 1

Chansons et poésies

Je te dis bonjour

1 Complète les bulles avec « Bonjour ! », « Salut ! » et « Au revoir ! ».

2 Illustre la chanson.

Je te dis bonjour

Je te dis « bonjour ».
Tu me dis « bonjour ».
On se dit « bonjour et bonne journée ».

Je te dis « au revoir ».
Tu me dis « au revoir ».
On se dit « au revoir et à bientôt ».

Fiche n°2

1, 2, 3

Unité 1

Chansons et poésies

1 Complète la chanson avec les nombres de 1 à 12.

2 Découpe et colle les photos au bon endroit.

1, 2, 3, je vais dans les bois. ___, ___, ___, je vais dans les bois.	
4, 5, 6, cueillir des cerises. ___, ___, ___, cueillir des cerises.	
7, 8, 9, dans mon panier neuf. ___, ___, ___, dans mon panier neuf.	
10, 11, 12, elles seront toutes rouges. ___, ___, ___, elles seront toutes rouges.	

Ma toupie

Colorie de la bonne couleur les taches dans le texte et la toupie.

Bleu jaune vert ma toupie.

Elle tourne, elle tourne.

Bleu jaune vert ma toupie.

Elle tourne. C'est très joli.

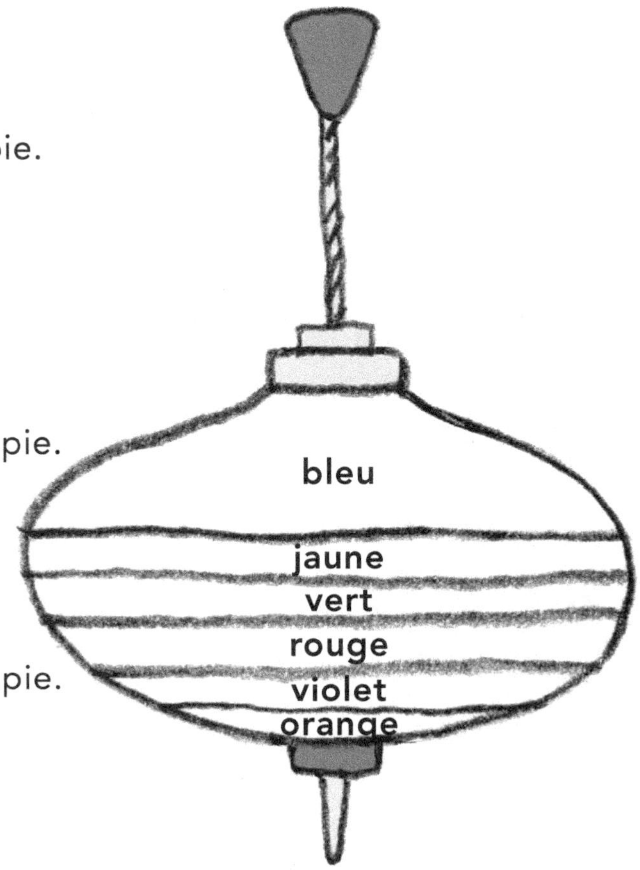

Bleu rouge violet ma toupie.

Elle tourne, elle tourne.

Bleu rouge violet ma toupie.

Elle tourne. C'est très joli.

Jaune rouge orange ma toupie.

Elle tourne, elle tourne.

Jaune rouge orange ma toupie.

Elle tourne, elle tourne. Elle tourne et c'est fini.

Fiche n°4

S'il te plaît

Unité 2

Chansons et poésies

Découpe et colle chaque dessin sur son nom.

S'il te plaît, mon amie | Alice |,

Prête-moi ! Prête-moi !

Des | ciseaux |, un | taille-crayon |,

Une | gomme | et un | crayon |.

J'ai oublié ma | trousse | et mon | cartable |.

Merci, mon amie. Tu es formidable !

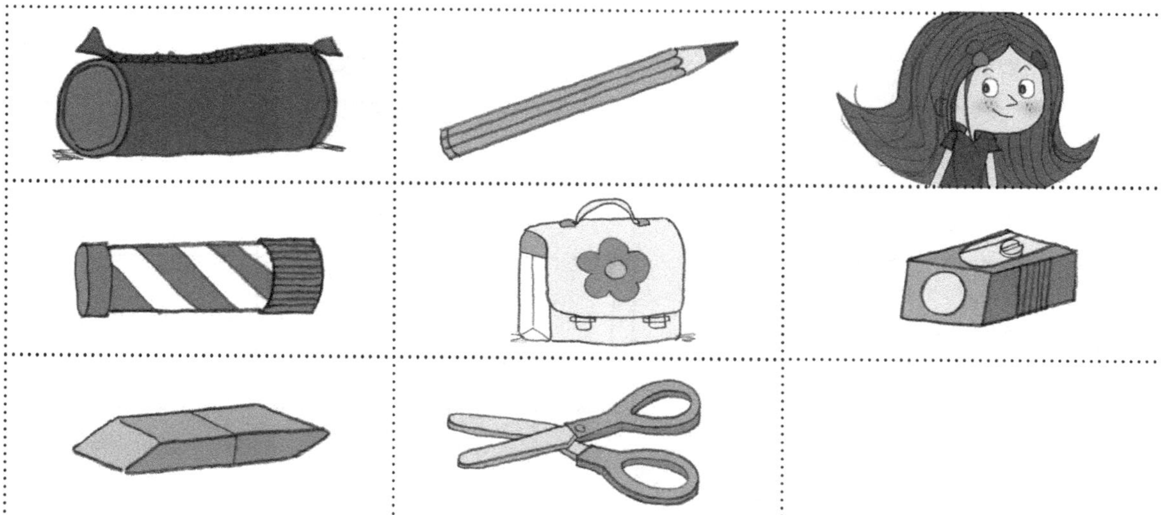

Fiche n°5

Mes petites mains

Unité 2

Chansons et poésies

1. Regarde l'exemple et chante avec ta classe.
2. Découpe les dessins page 95.
3. Invente une nouvelle strophe et colle les dessins.
4. Chante ta strophe.

Lundi 13
Mes petites mains dessinent, dessinent. Elles dessinent en haut, elles dessinent en bas, elles dessinent à gauche, elles dessinent à droite.

Mardi 14
Mes petites mains gomment, gomment. Elles gomment en haut, elles gomment en bas, elles gomment à gauche, elles gomment à droite.

Mercredi 15
Mes petites mains taillent, taillent.
Elles taillent en haut,
elles taillent en bas,
elles taillent à gauche,
elles taillent à droite.

Jeudi 16
Mes petites mains peignent, peignent.
Elles peignent en haut,
elles peignent en bas,
elles peignent à gauche,
elles peignent à droite.

Vendredi 17
Mes petites mains découpent, découpent. Elles découpent en haut, elles découpent en bas, elles découpent à gauche, elles découpent à droite.

Samedi 18
Mes petites mains collent, collent.
Elles collent en haut,
elles collent en bas,
elles collent à gauche,
elles collent à droite.

Dimanche 19
Mes petites mains écrivent, écrivent.
Elles écrivent en haut,
elles écrivent en bas,
elles écrivent à gauche,
elles écrivent à droite.

Lundi 20
Mes petites mains donnent, donnent.
Elles donnent en haut,
elles donnent en bas,
elles donnent à gauche,
elles donnent à droite.

Exemple

	en haut	
à gauche		à droite
	en bas	

Ma strophe

	en haut	
à gauche		à droite
	en bas	

Mes petites mains

Pour inventer la strophe, utilise les dessins.
Tu peux utiliser 5 fois le même dessin, changer à chaque fois de dessin ou dessiner ce que tu veux.

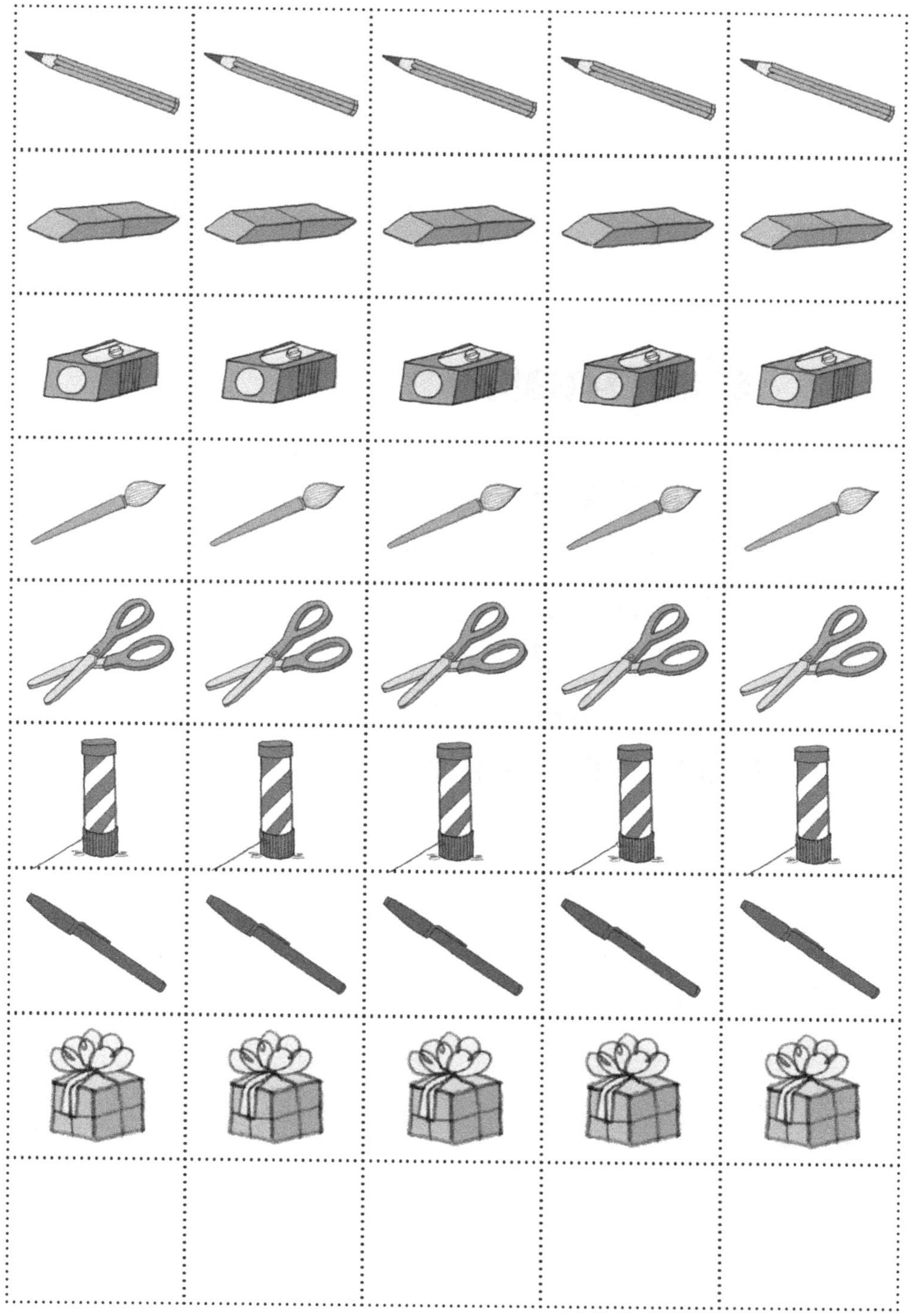

Fiche n°6

L'alphabet

Unité 2

Chansons et poésies

Illustre la chanson avec des lettres découpées dans des journaux ou des magazines.

L'alphabet

A B C D E F G
H I J K L M N O P
Q R S T U V W
X Y Z
C'est l'alphabet !
C'est l'alphabet !

Fiche n°7

Tut ! Tut !

Unité 3

Chansons et poésies

Illustre la poésie.

Tut ! Tut !

Une petite voiture roule à toute allure.

Mmmmmmmmmmmmmmmmmmmm

Paf ! Dans un grand mur.

Oh, plus de petite voiture !

Une grande voiture roule à toute allure.

Mmmmmmmmmm
mmmmmmmm

Paf ! Dans un petit mur.

Oh, plus de petit mur !

Fiche n°8

Quand Fanny était un bébé

Unité 3

Chansons et poésies

1 Écoute ton professeur dire de quelle couleur est Fanny (bébé, petite fille, jeune fille...).

2 Entoure Fanny de la bonne couleur.

3 Découpe les bulles page 99.

4 Colle les bulles au bon endroit.

Quand Fanny était un bébé

Quand Fanny était un bébé, un bébé, un bébé
Quand Fanny était un bébé
Elle faisait comme ça :
– Areuh ! Areuh ! Areuh !
Quand Fanny était une petite fille, une petite fille, une petite fille
Quand Fanny était une petite fille
Elle faisait comme ça :
– Nanananannère !
Quand Fanny était une jeune fille, une jeune fille, une jeune fille
Quand Fanny était une jeune fille
Elle faisait comme ça :
– Ah, que je suis belle !
Quand Fanny était une maman, une maman, une maman
Quand Fanny était une maman
Elle faisait comme ça :
– Chut, mon bébé dort !
Quand Fanny était une grand-mère, une grand-mère, une grand-mère
Quand Fanny était une grand-mère
Elle faisait comme ça :
– Ah, j'ai mal au dos !
Quand Fanny était un squelette, un squelette, un squelette
Quand Fanny était un squelette
Elle faisait comme ça :
– Je claque des doigts !

Chut, mon bébé dort !

Ah, que je suis belle !

Nanananananère !

Ah, j'ai mal au dos !

Areuh ! Areuh ! Areuh !

Je claque des doigts !

Fiche n°9

La famille tortue

Unité 3

Chansons et poésies

1 Colorie les mots de la bonne couleur :
vu = rouge
verra = orange
tortue = bleu
rats = jaune
pas = vert

2 Illustre la chanson avec des rats et des tortues.

La famille tortue

Jamais on n'a vu
Jamais on ne verra
La famille tortue
Courir après les rats
Le papa tortue
Et la maman tortue
Et les enfants tortue
Iront toujours au pas

Fiche n°10

Unité 4

Chansons et poésies

Qui a un chapeau ?

1 Découpe les dessins.

2 Colle les dessins sur la marelle dans l'ordre de la poésie.

Qui a un chapeau ?
C'est mon ami Mario.
Qui a des lunettes ?
C'est grand-mère Lisette.
Qui a une moustache ?
C'est grand-père Eustache.
Qui a des boucles d'oreilles ?
C'est la petite Mireille.
Qui a une barbe ?
Ce n'est pas papa !
Il n'en a pas !
C'est ma copine Maria
Qui a une barbe
Une barbe à papa
Ça va de soi !

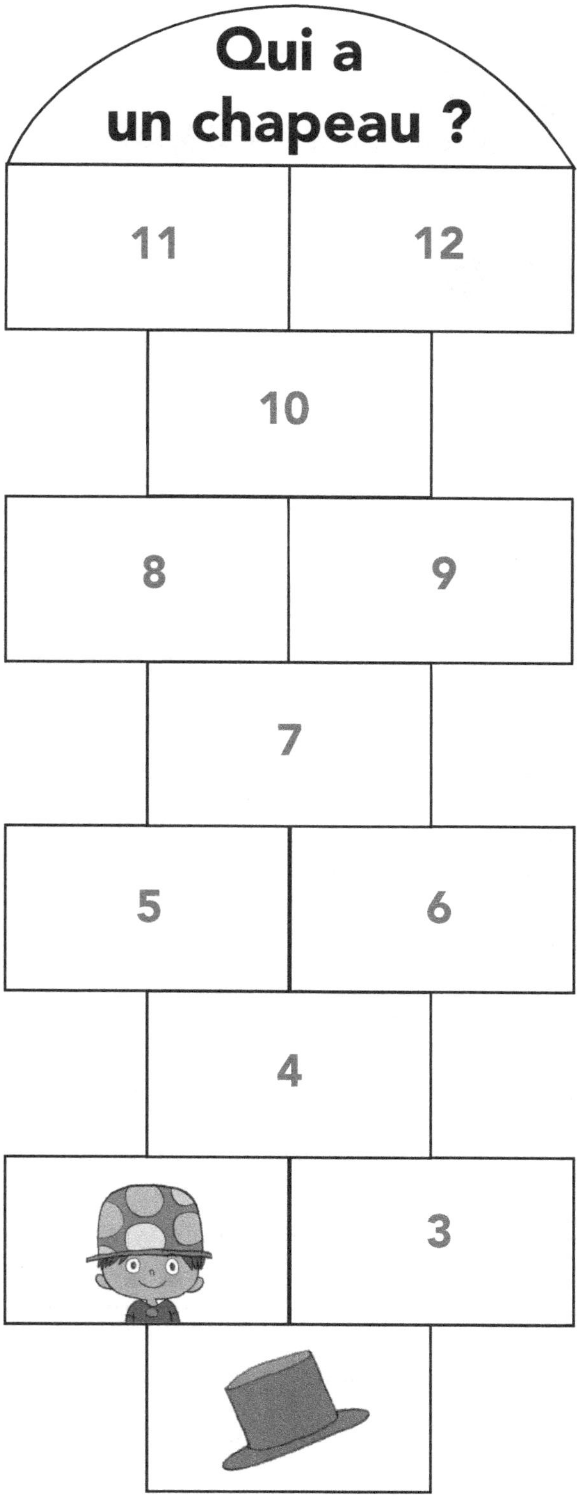

Qui n'a pas de chapeau ?

1 Invente une nouvelle poésie à l'aide des dessins et de la marelle.

2 Récite ta poésie.

Fiche n°11

Tête, épaules et genoux pieds

Unité 4

Chansons et poésies

1 Colle la photo d'un monsieur, d'une dame, ou ta photo.

2 Écris tête, épaules, genoux, pieds, yeux, oreilles, bouche, nez au bon endroit ou découpe et colle les étiquettes.

Tête, épaules et genoux pieds

Tête, épaules et genoux pieds, genoux pieds
Tête, épaules et genoux pieds, genoux pieds
J'ai deux yeux, deux oreilles une bouche et un nez
Tête, épaules et genoux pieds, genoux pieds.

tête	épaules	genoux	pieds	yeux	oreilles	bouche	nez

Fiche n°12

Pomme, pêche, poire, abricot

Unité 5

Chansons et poésies

1 Dessine le fruit qui est en trop.

2 Complète les silhouettes des mots.

3 Découpe les silhouettes et colle les silhouettes au bon endroit.

Pomme, pêche, poire, abricot

Pomme, pêche, poire, abricot
y en a une, y en a une
pomme, pêche, poire, abricot
y en a une de trop
C'est l'abricot qui est en trop.

Pomme, pêche, poire
y en a une, y en a une
pomme, pêche, poire
y en a une de trop
C'est la poire qui est en trop.

Pomme, pêche
y en a une, y en a une
pomme, pêche
y en a une de trop,
C'est la pêche qui est en trop.

Pomme
y en a une, y en a une
pomme
y en a une de trop,
C'est la pomme qui est en trop !

Fiche n°13

Bon appétit

Unité 5

Chansons et poésies

1 Découpe les étiquettes ou écris les mots.

2 Colle les étiquettes dans l'ordre de la poésie.

Bon appétit

Bon a, bon a, bon appétit

Merci, ... , ... beaucoup

De rien, ... , ... du tout

Mangez, ... , ... beaucoup

Beaucoup, ... , ... de tout

mangez	beaucoup
de rien	merci
merci	beaucoup
de rien	mangez

Fiche n°14

Promenons-nous dans les bois

Unité 6

Chansons et poésies

1 Écoute la chanson et barre les vêtements que tu n'entends pas.

2 Écoute la chanson et colorie les vêtements du loup de la bonne couleur.

3 Relie les vêtements dans l'ordre de la chanson.

Promenons-nous dans les bois

Promenons-nous dans les bois,
Pendant que le loup n'y est pas.
Si le loup y était,
Il nous mangerait.
Mais comme il n'y est pas,
Il ne nous mangera pas.
– Loup, y es-tu ?
– Oui !
– Entends-tu ?
– Oui !
– Que fais-tu ?
– Je mets mon pantalon bleu.
– Tu mets ton pantalon bleu ?
– Oui, il met son pantalon bleu !

– Je mets mon tee-shirt violet.
– Je mets mes chaussettes rouges.
– Je mets mes baskets blanches.
– Je mets ma veste marron.
– Je mets ma casquette verte.
– Je suis prêt, je sors !

AHHHHHHHHHH !

Fiche n°15

Plic Ploc

Unité 6

Chansons et poésies

Complète avec des dessins.

Plic Ploc

Il y a du soleil.

Il y a des nuages.

Il y a de l'orage.

Plic Ploc

Il pleut.

Plic Ploc

Il pleut.

Monsieur et madame Legrand sont dans leur maison.

Léo marche sous son parapluie.

Il pleut sur la campagne.

Il neige sur la montagne.

Fiche n°16

Le carrousel

Unité 6

Chansons et poésies

1 Découpe les étiquettes.

2 Colle les étiquettes dans l'ordre de la chanson.

Le carrousel

Nous tournons, tournons en rond
Moi, dans mon petit ____
En ____, en ____
Nous tournons, tournons en rond.

Toi, tu roules à toute allure
Dans ta belle, ta belle ____
En ____, en ____
Toi, tu roules à toute allure.

Nous tournons, tournons en rond
Lui, dans son petit ____
En ____, en ____
Nous tournons, tournons en rond.

Elle, elle dépasse la ____
Sur son beau, son beau ____
À ____, à ____
Elle, elle dépasse la ____

Nous tournons, tournons en rond
Moi, dans mon petit ____
En ____, en ____
Nous tournons, tournons en rond.

Toi, tu voudrais décoller
Dans ta belle, ta belle ____
En ____, en ____
Toi, tu voudrais décoller !

Le carrousel

avion	avion	avion	voiture
voiture	voiture	camion	camion
camion	moto	moto	vélo
vélo	vélo	ballon	ballon
ballon	fusée	fusée	fusée

Fiche n°17

Vive le vent

Illustre la chanson.

Vive le vent

Vive le vent, vive le **vent (1)**
Vive le vent d'hiver
Qui s'en va sifflant, soufflant
Dans les **grands sapins verts (2)...**
Oh ! Vive le temps, vive le temps
Vive le temps d'hiver
Boule de neige et jour de l'an
Et bonne année **grand-mère (3)...**

2

1

3

Le Nouvel An

1 Découpe la carte.

2 Colle les parole de la chanson (p. 110).

3 Écris « Bonne année ! » avec des lettres découpées dans des journaux.

Fiche n°18

La chandeleur

Faites la FÊTE !

Chansons et poésies

1 Découpe les étiquettes.

2 Colle les étiquettes dans l'ordre de la poésie.

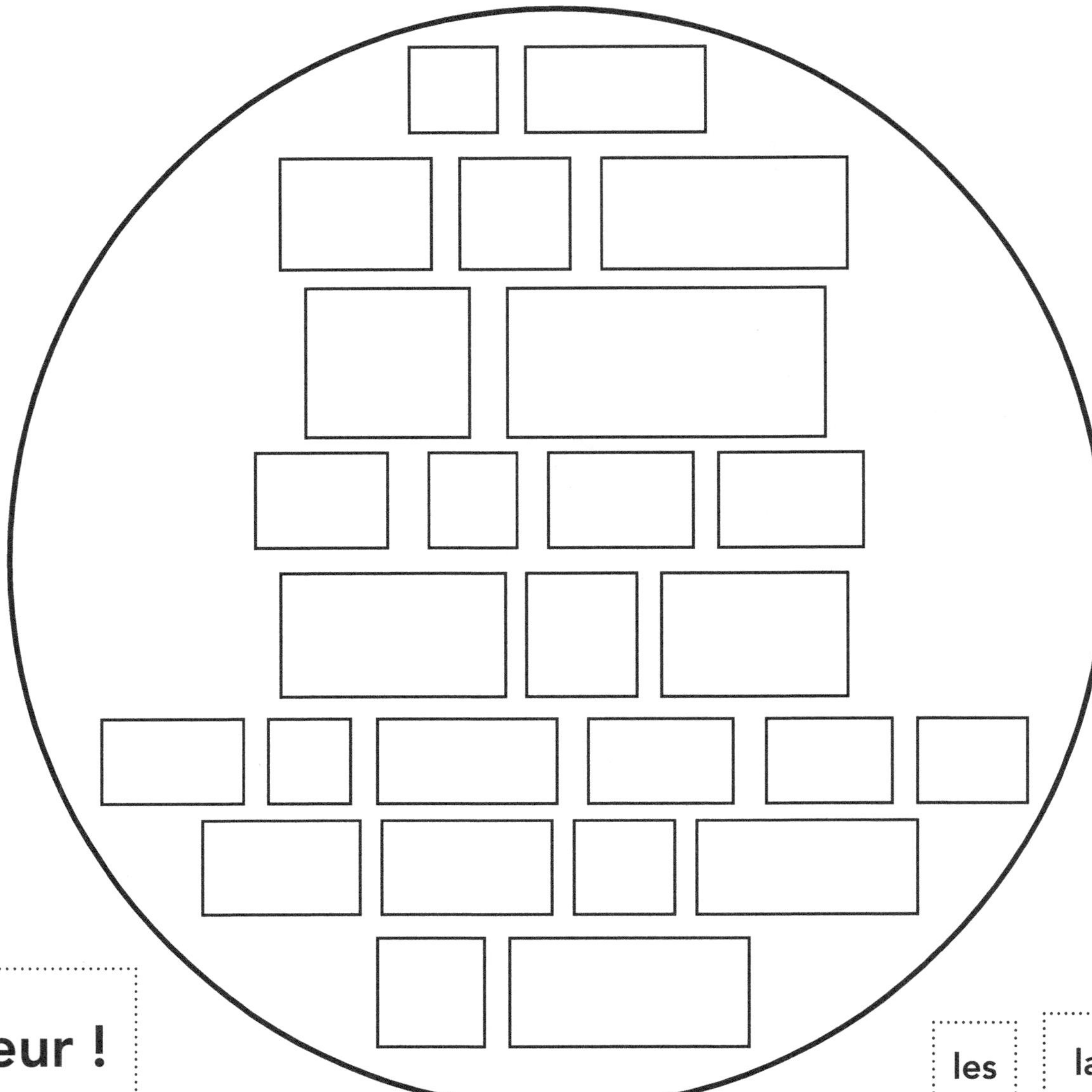

bonheur ! | les | la

tour | chandeleur | en | la | crêpes | Quel | Chacun

son | soleil | Les | C'est | chandeleur | dans | forme

La | crêpes | Lançons | autour | Toute | famille | le | ciel ! | de

Fiche n°19

Dans ton dos

Complète ou colorie les poissons.

Dans ton dos

Dans ton dos, dans ton dos
Qu'est-ce qu'il y a ? Qu'est-ce qu'il y a ?
Dans mon dos, dans mon dos
Je ne sais pas ! Je ne vois pas !

C'est un poisson-chat !
Chat chat chat
Danse au bout du fil
Beau poisson d'avril

C'est un poisson-scie !
Scie scie scie
Saute au bout du fil
Beau poisson d'avril

C'est un poisson-clown !
Clown clown clown
Vole au bout du fil
Beau poisson d'avril

Dessine les moustaches du poisson-chat.

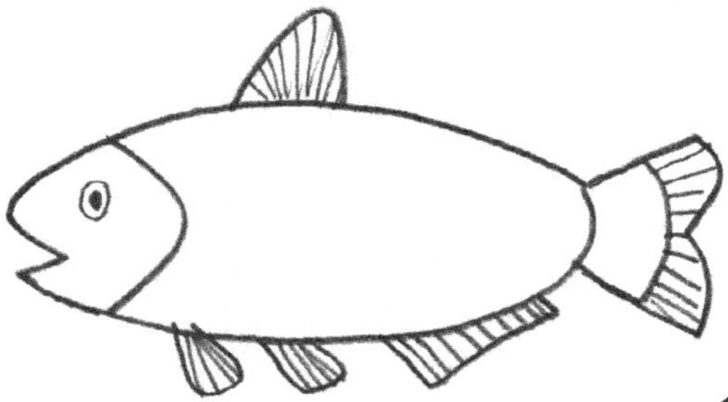

Dessine le « nez » en forme de scie du poisson-scie.

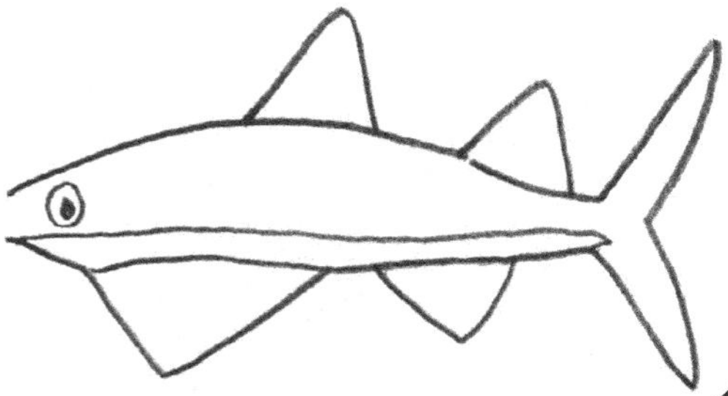

Colorie le poisson-clown.

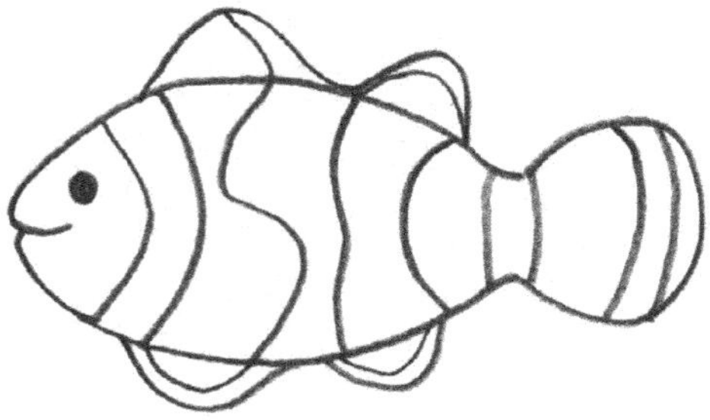

Faites la FÊTE !

Chansons et poésies

Le poisson d'avril

1 Colorie les ronds avec ta couleur préférée.

2 Découpe le carré.

3 Fabrique un poisson d'avril en origami. Voir le livre p. 63.

Petits docs

Dans les pages suivantes, vous trouverez pour chaque unité une proposition de travail à partir du Petit doc ou du thème traité dans le Petit doc.

● Unité 1 : La tour Eiffel

Nous proposons une activité d'arts plastiques aux élèves. Nous les invitons à s'approprier le tableau de Delaunay, à le prolonger et à le colorier. Vous pouvez, si vous le désirez, agrandir la page et la photocopier sur un papier épais. Les élèves pourront ainsi peindre au lieu de colorier. La production des élèves peut également être accompagnée de son cartel. Toutes les tours Eiffel pourront être exposées dans l'école et être présentées par les jeunes artistes à leurs parents ou à d'autres élèves.

● Unité 2 : L'abécédaire

Les lettres de l'alphabet français dans différentes polices et graphies sont proposées aux élèves afin de les inviter à recopier des messages simples, lettre par lettre, ou à écrire des mots épelés.

● Unité 3 : La carte postale

Nous proposons aux élèves un petit jeu de lecture à partir de la carte postale du livre pour faire deviner le nom de la ville photographiée. Une autre possibilité est de demander aux élèves d'apporter des cartes postales en classe et de les trier suivant qu'elles représentent une ville, un paysage de montagne…

● Unité 4 : Les 5 sens

Il s'agit de réaliser une petite expérience scientifique. Les élèves sont invités à construire un thaumatrope. Ils ont le choix entre un oiseau et sa cage ou un poisson et son aquarium. Une fois le thaumatrope terminé, ils s'apercevront que l'oiseau est dans la cage et le poisson dans l'aquarium. Invitez-les à montrer cette expérience en dehors de la classe et à la commenter dans un français simple.

● Unité 5 : La recette

Nous proposons aux élèves de feuilleter des magazines, de découper et de coller des plats ou des recettes, des ingrédients, des ustensiles. Une autre possibilité est de créer une épicerie française dans la classe.

● Unité 6 : La carte météo

Les élèves sont invités à noter la météo quotidienne jusqu'aux vacances scolaires. Les amener à relever les températures, à coller le symbole qui correspond au temps de la journée, à noter la force du vent.

Fiche n°1

La tour Eiffel

Unité 1

Petits docs

1 Découpe le rectangle avec la tour Eiffel.

2 Colle le rectangle sur une grande feuille blanche.

3 Dessine pour compléter la tour Eiffel.

4 Colorie.

5 Écris ton cartel.

Mon cartel

....

....

Tour Eiffel, 2 0 ....

....

Fiche n°2

L'abécédaire

Unité 2

Petits docs

1 Découpe les lettres.

2 Écris un message à un camarade.

Exemple :

Salut !

Au revoir !

3 Écris les mots dictés par ton professeur ou un camarade.

A A Â

C D D

B B Ç E C E Ë

É È E Ê F F G

G

H H I I Î J J K

L L L M M M

L'abécédaire

N N N O O Ô

P P P Q Q R

S S S

R R R S T T T T

T U U U V V V

W X Y Z

Fiche n°3

La carte postale

Unité 3

Petits docs

Salut Léo !

Comment ça va ?
Moi, ça va bien.
Je suis à la mer avec mes parents et ma sœur.
J'habite dans un grand appartement. Regarde la X.

Au revoir,

Némo

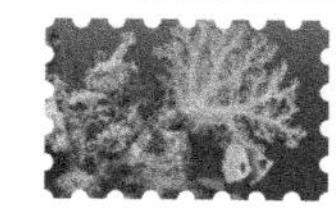

Léo Legrand
4, rue Lima
75018 Paris

1 Lis les phrases et entoure la lettre qui correspond à la réponse « Vrai » ou « Faux ».

	Vrai	Faux
Le document est une peinture.	A	(M)
C'est une ville.	O	N
Elle est à la mer.	N	G
Il y a des appartements entre la mer et la montagne.	A	E
Némo est sur la carte postale.	R	C
Némo habite dans un appartement.	O	S

2 Recopie les lettres et découvre où Némo est en vacances.

Némo est en vacances à M..

Fiche n°4

Les 5 sens

Unité 4

Petits docs

1 Choisis un animal et colorie les deux dessins.

2 Découpe les dessins.

3 Colle les dessins sur un carton.

4 Découpe le carton.

5 Colle les ronds en carton.

6 Fais deux trous sur les côtés (pas trop près du bord) et mets des élastiques de chaque côté.

7 Fais tourner le rond en tenant les élastiques entre le pouce et l'index.

8 Lâche le rond sans lâcher les élastiques. C'est magique !

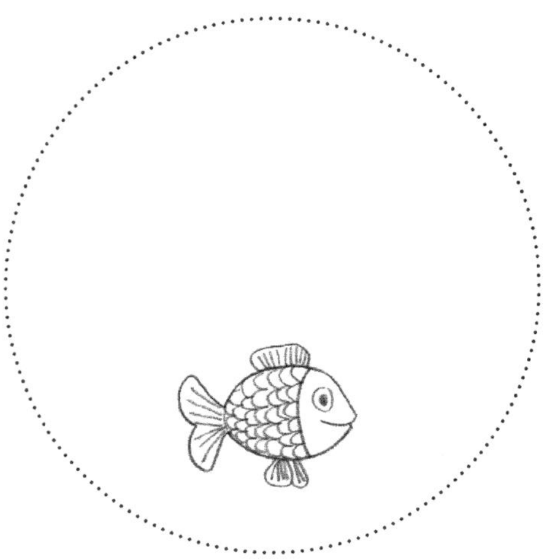

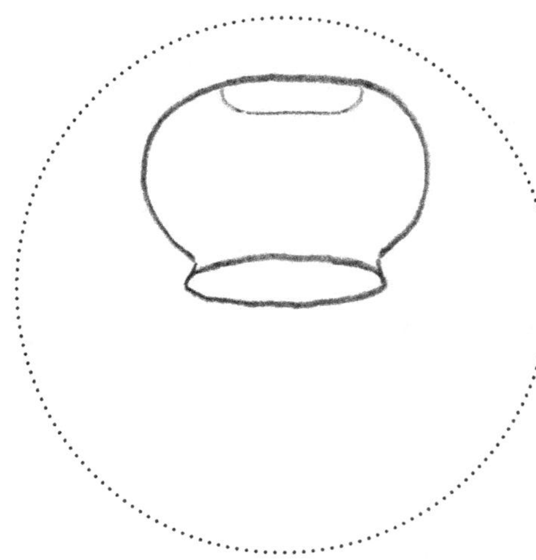

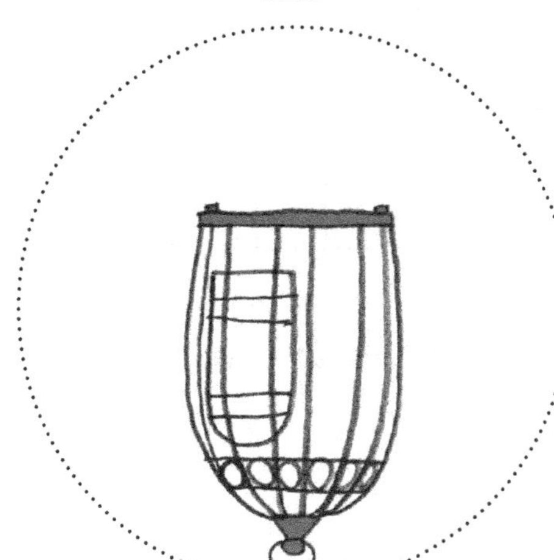

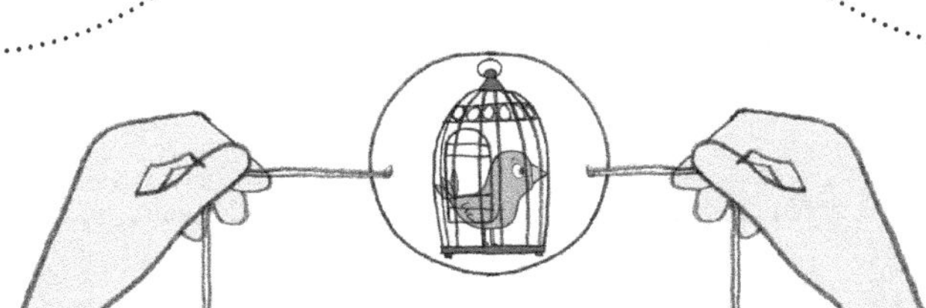

Fiche
n°5

La recette

Unité 5

Petits docs

1 Cherche dans des catalogues des plats ou des recettes, des ingrédients, des ustensiles.

2 Découpe et colle les photos au bon endroit.

Plats ou recettes

Ingrédients

Ustensiles

Fiche n°6

La carte météo

Unité 6

Petits docs

LA MÉTÉO D'AUJOURD'HUI

le ....

la température :

.............°C

le vent :

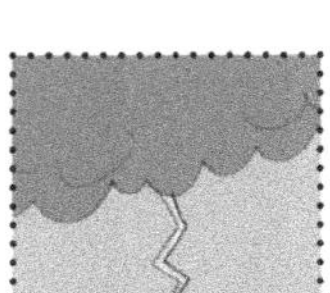

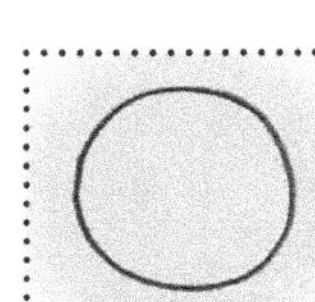
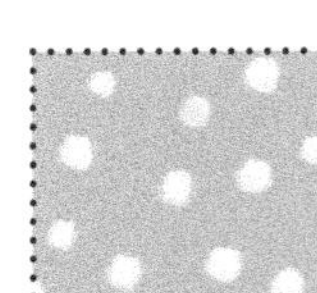
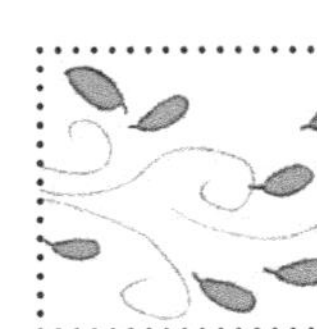

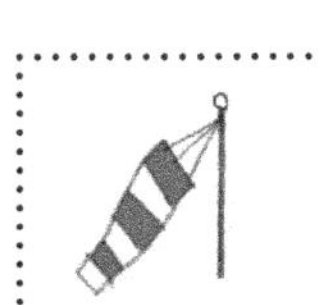
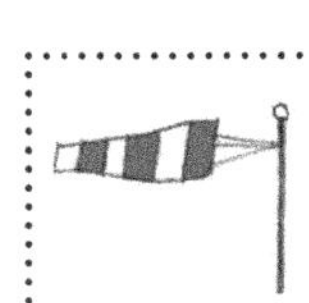

Projets

Dans les pages suivantes, vous trouverez des gabarits pour aider vos élèves à réaliser les projets qui se trouvent dans les unités.
À l'aide de ces gabarits et des étapes illustrées dans le livre, les élèves peuvent facilement réaliser ce qui leur est demandé.
N'oubliez pas de prévoir le matériel nécessaire et de soutenir leur production orale durant la construction des projets.
Invitez-les à préparer leur présentation orale avant de les évaluer.
Les projets réalisés peuvent être exposés dans la classe mais aussi dans les couloirs.

Fiche n°1

Unité 1 Projet

Le téléphone de Pedro

1 2 3 4 5

6 7 8 9 0

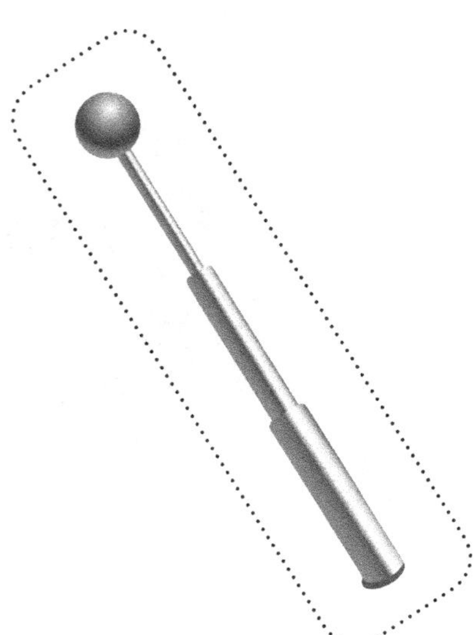

Fiche n°2

Le présentoir d'Hugo

Unité 2 Projet

Qui ?

à l'école

pendant la récréation

Fiche n°3

Le dépliant de Minami

Unité 3
Projet

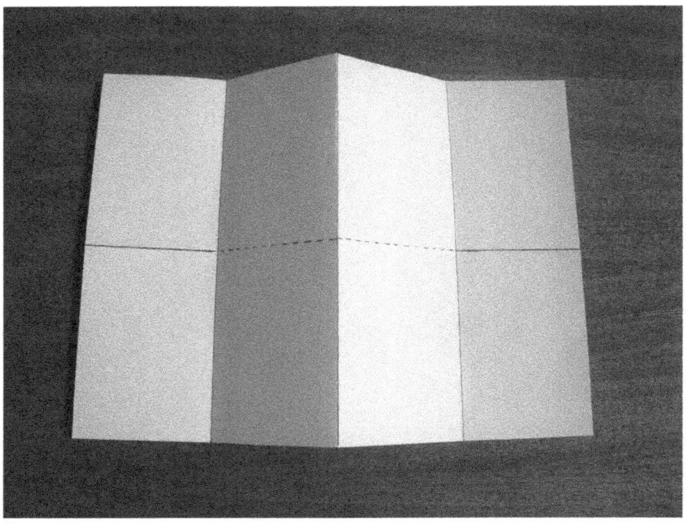

1.

2.

3.

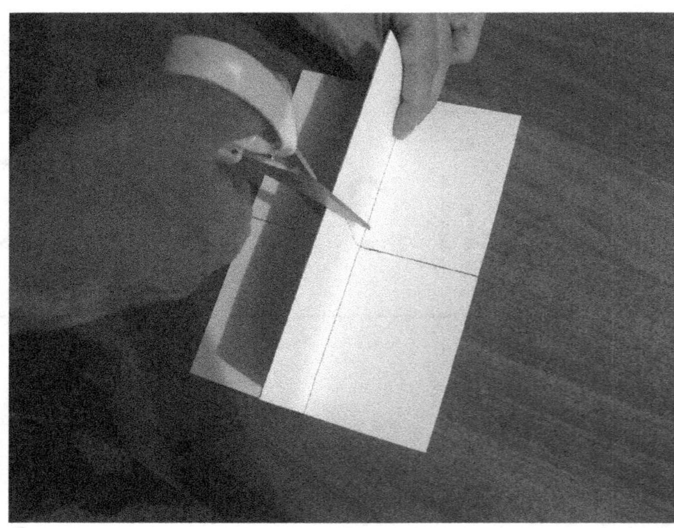

4.

5.

Unité 1

Voici ma famille :

Voici mes animaux :

Fiche n°

J'habite ....
dans ....

C'est moi dans ....

Fiche n°4

Unité 4 Projet

Le pantin d'Aïcha

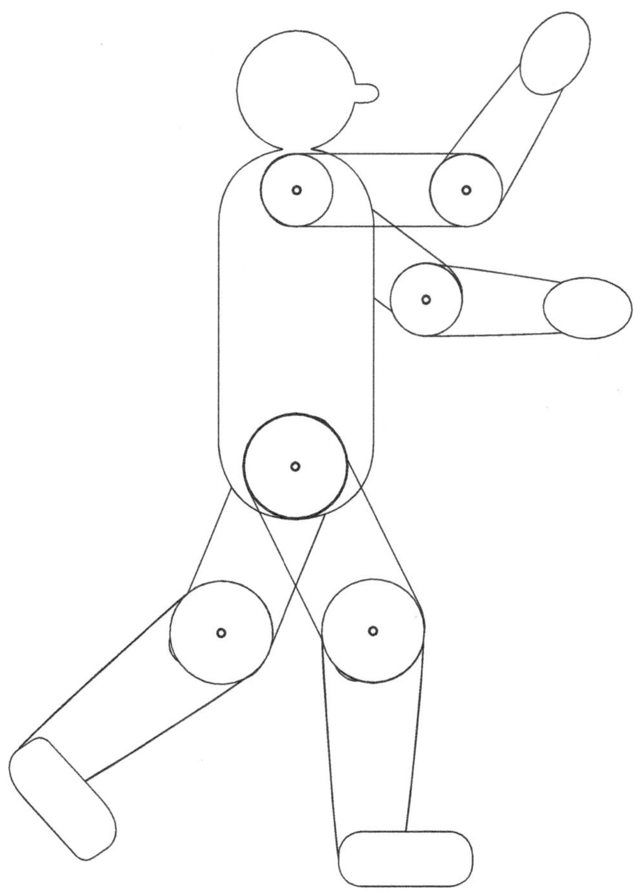

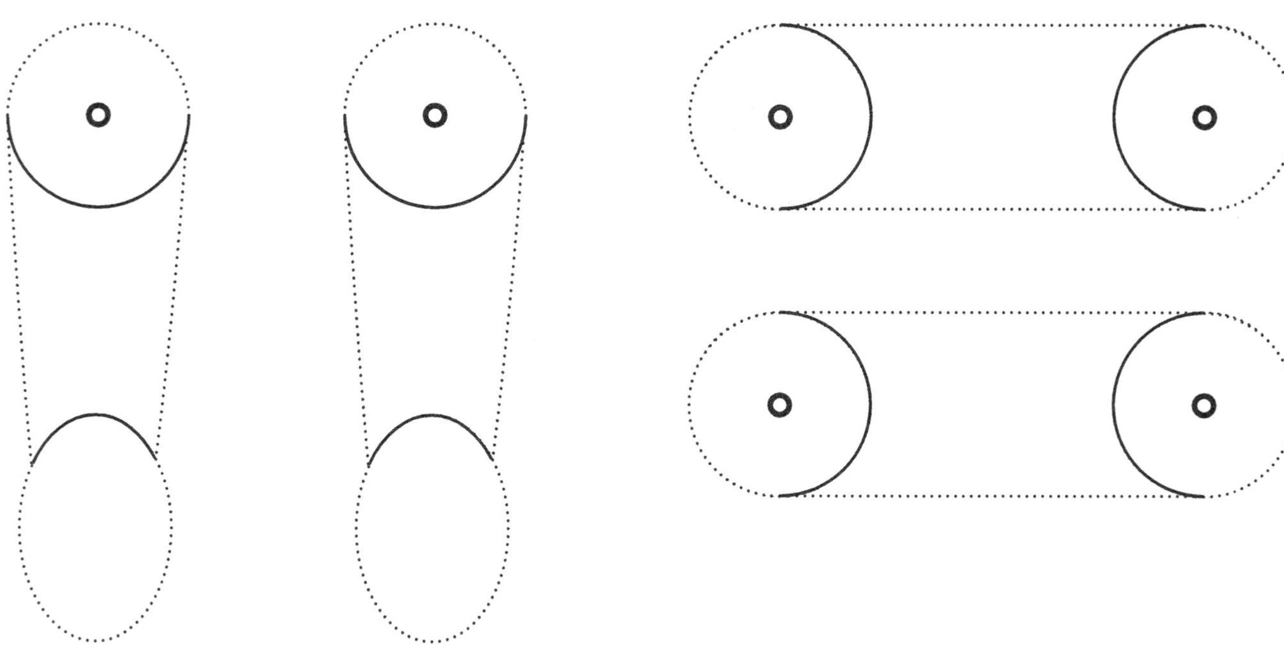

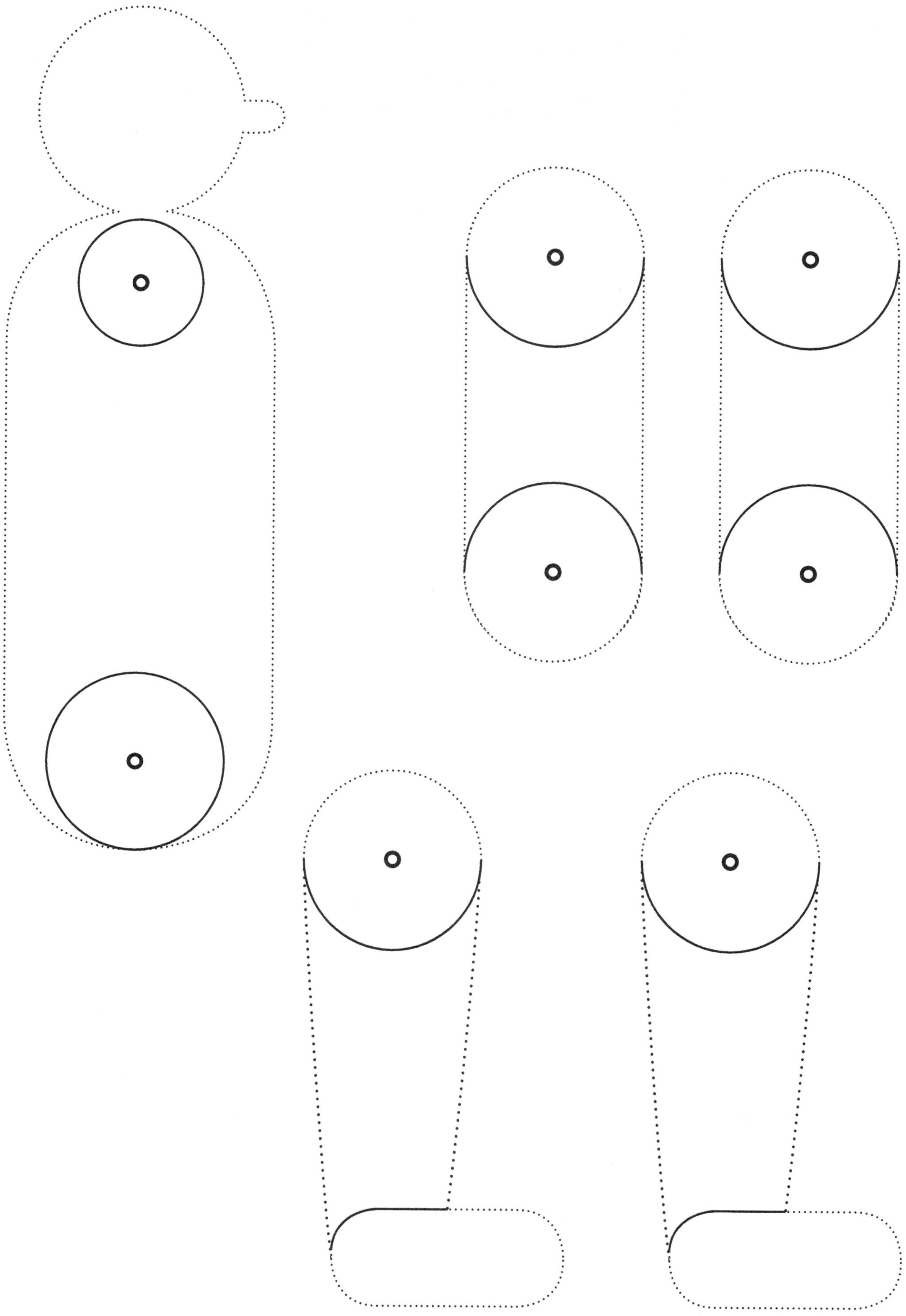

Fiche n°5

Le carrousel de William

Unité 6
Projet

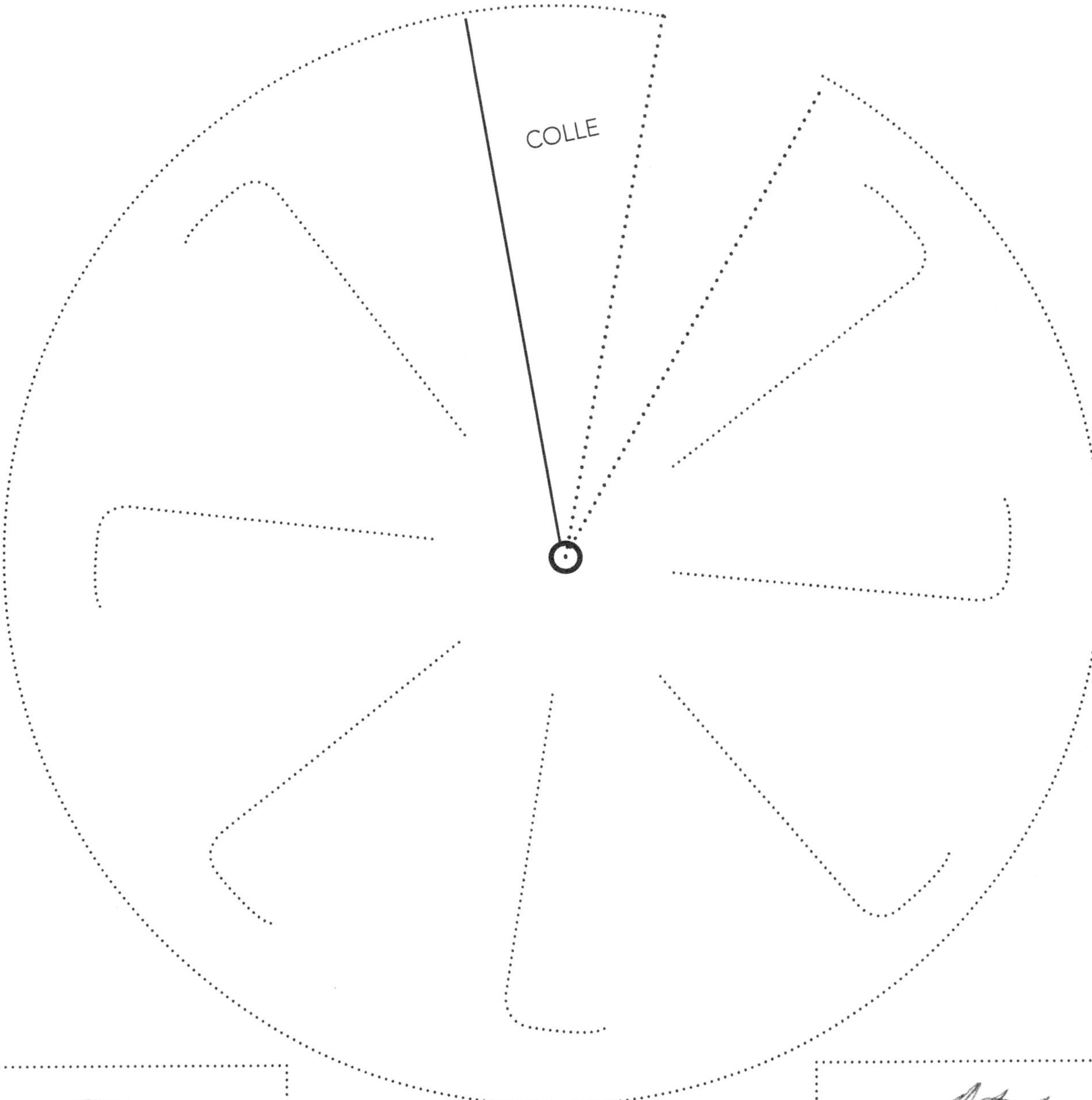

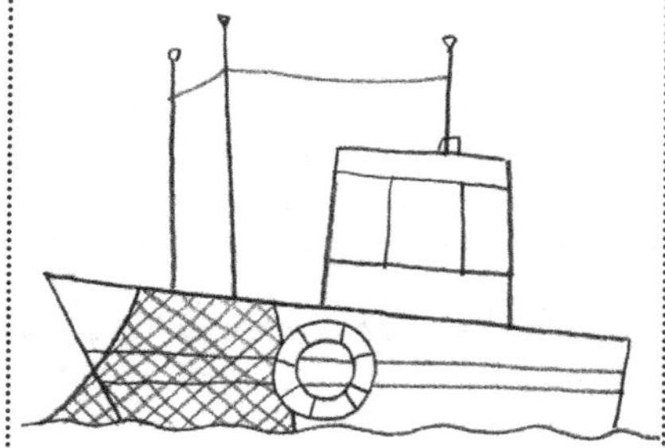

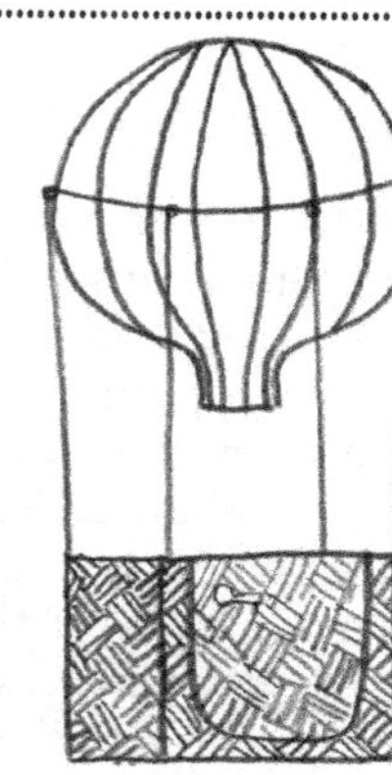

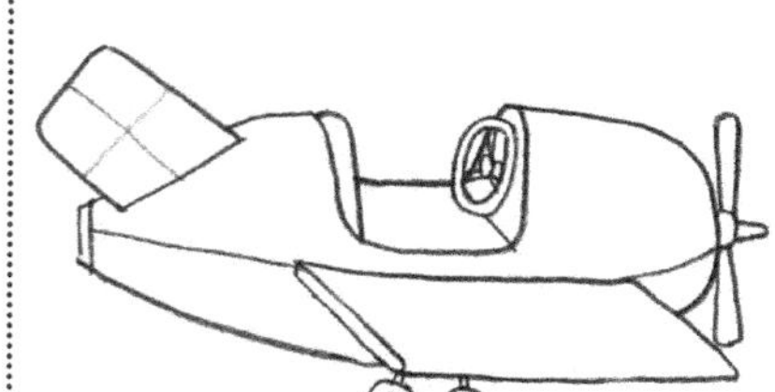

Pour aller plus loin

Dans les pages suivantes, vous trouverez, pour chaque unité :

- une fiche Perception visuelle / Lecture.

- une fiche Copie / Écriture avec, au choix, un exercice en écriture scripte ou un exercice en écriture cursive.
Lorsque les mots sont coupés en écriture scripte, ils sont coupés au niveau de la syllabe.
Lorsque les mots sont coupés en écriture cursive, ils sont coupés au niveau du lever du crayon.
Les élèves ne doivent pas indiquer les traits. Habituez-les à observer les mots avant de les copier (copie cachée).

- une fiche Grammaire qui propose une observation réfléchie de la langue et l'utilisation d'un code couleur :
masculin = bleu
féminin = orange
pluriel = vert
verbes = rouge

Un travail oral doit être fait au préalable.

Classer par terre ou au tableau chaque carte image dans le groupe auquel elle appartient et demander aux élèves d'observer et de chercher le secret de cet ordre.
Par exemple, dites « un crayon » et placez la carte image dans le groupe « mon ». Dites « la gomme » et placez la carte image dans le groupe « ma ». Dites « les ciseaux » et placez la carte image dans le groupe « mes ».
Présenter éventuellement d'autres cartes images et inviter les élèves à les placer dans les groupes correspondant.
Lorsqu'un élève a trouvé la solution (un crayon = mon crayon ; une gomme = ma gomme ; des ciseaux = mes ciseaux), répéter ensemble les mots en utilisant l'article de présentation puis l'article travaillé.
Demander ensuite aux élèves d'observer les groupes pendant 20 secondes puis de fermer les yeux.
Mélanger toutes les cartes images et leur demander de les replacer au bon endroit en justifiant leur choix.
Distribuer ensuite la fiche du fichier ressources. Une fois l'activité réalisée, proposer aux élèves de faire un tableau de synthèse pour résumer la règle découverte.
Inviter les élèves à mettre ce tableau dans leur cahier et à en afficher un dans la classe (suffisamment grand, à hauteur des yeux des élèves).

Variante : Fabriquer vous-même le tableau de synthèse et permettre aux élèves de s'y référer pour faire la fiche du fichier ressources.

- une fiche Conjugaison qui propose une observation réfléchie de la langue et les conjugaisons les plus courantes au présent de l'indicatif (verbes du 1er groupe, *avoir, être, pouvoir, vouloir*).

L'ordre des pronoms personnels sujets dans les tableaux de conjugaison est parfois modifié. Cela permet de simplifier un grand nombre de conjugaisons et de favoriser la prononciation et la lecture de certaines formes verbales.

Suivant vos objectifs et votre programme, proposez quelques exercices d'entraînement réalisés par vos soins si vous le jugez nécessaire.

LECTURE - ÉCRITURE

GRAMMAIRE - CONJUGAISON

Unité 1

Pour aller plus loin

Perception visuelle / Lecture

1 Observe puis entoure les prénoms corrects.

Maggie	Léo	Alice	Luc	Jeanne	Marie
Magie	Léa	Allice	Luc	Janne	Mario
Mage	Léo	Alisse	Loc	Jenne	Marius
Maggie	Leo	Célia	Lac	Jeanne	Maria
Image	Olé	Alice	Lic	Jeane	Marie

2 Entoure les lettres qui composent le mot de la bonne couleur.

rouge	a	r	b	o	c	u	d	f	g	h	e
noir	n	j	o	k	i	l	r	m	p	q	s
bleu	t	v	w	b	x	y	l	z	e	a	u
vert	v	e	b	c	r	t	d	f	g	h	i
jaune	k	j	l	a	m	u	i	n	e	p	q
violet	r	v	i	s	o	u	w	x	l	e	t
orange	y	o	r	z	a	n	b	g	c	e	d

Copie / Écriture

Unité 1

Pour aller plus loin

1 Recopie.

a – e – i – o –

g – l – c –

M – L – A –

Maggie –

Léo – Alice –

2 Recopie.

a – e – i – o –

g – l – c –

M – L – A –

Maggie –

Léo – Alice –

Grammaire

Unité 1

Pour aller plus loin

Entoure en rouge quand tu peux mimer l'action. Ce sont des verbes !

Conjugaison

Unité 1

Pour aller plus loin

1 Lance le dé des personnes et lis le mot. Exemple : « Tu ».

2 Lance le dé des actions et dis l'action. Exemple : « Sauter ».

3 Dis la conjugaison en regardant les tableaux : « Tu sautes. »

4 Joue ensuite sans regarder les tableaux.

Je

Elle

Tu

Ils

Il

Elles

Chanter
Je chante
Tu chantes
Il chante
Elle chante
Ils chantent
Elles chantent

Sauter
Je saute
Tu sautes
Il saute
Elle saute
Ils sautent
Elles sautent

Téléphoner
Je téléphone
Tu téléphones
Il téléphone
Elle téléphone
Ils téléphonent
Elles téléphonent

Conjugaison

Chanter

Sauter | Téléphoner | Écouter

Montrer

Mimer

Écouter
J'écoute
Tu écoutes
Il écoute
Elle écoute
Ils écoutent
Elles écoutent

Montrer
Je montre
Tu montres
Il montre
Elle montre
Ils montrent
Elles montrent

Mimer
Je mime
Tu mimes
Il mime
Elle mime
Ils miment
Elles miment

Perception visuelle / Lecture

Unité 2

Pour aller plus loin

1 Relie le dessin, le mot et sa silhouette.

2 Complète les silhouettes.

la gomme

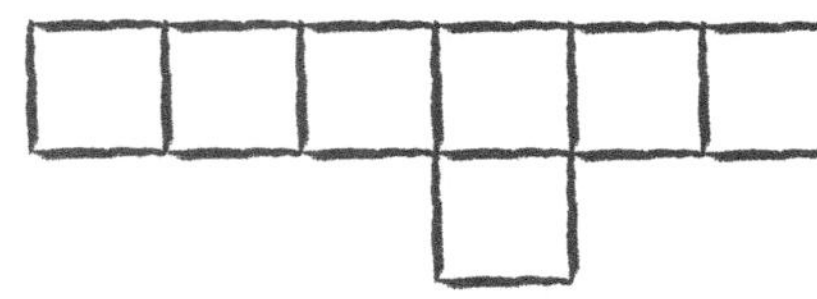

la colle

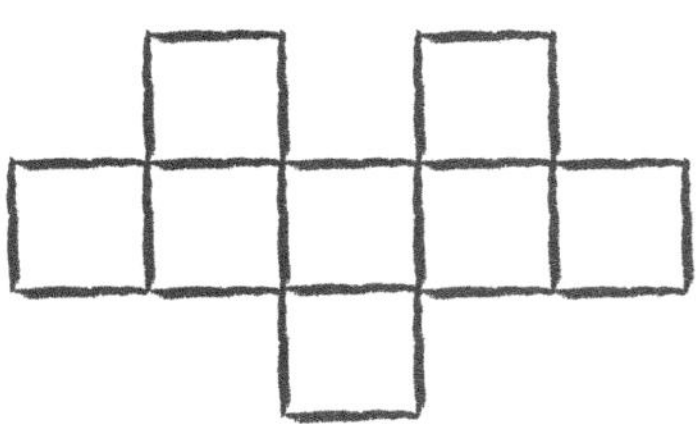

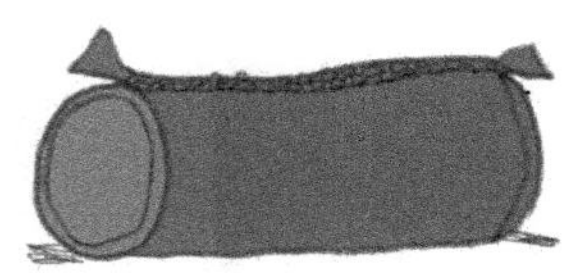

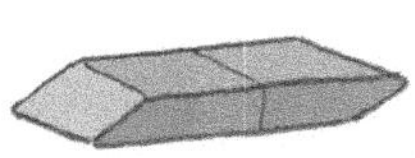

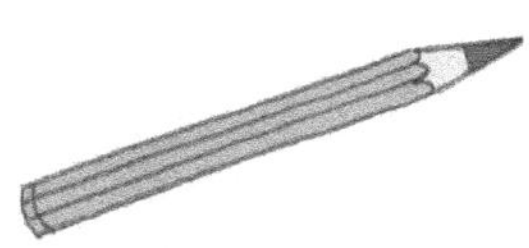

le stylo

la trousse

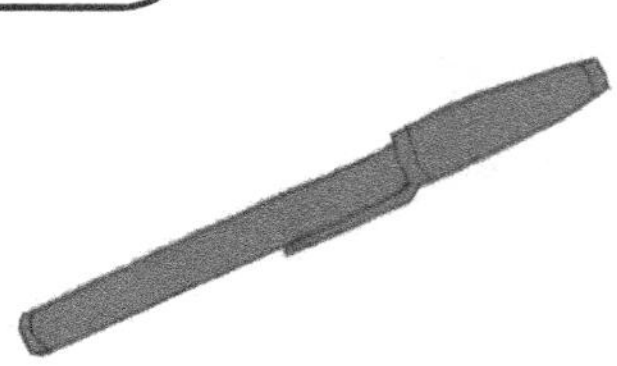

le crayon

Copie / Écriture

Unité 2

Pour aller plus loin

1 Recopie les mots syllabe par syllabe.

Lun-di – Mar-di – Mer-cre-di

Jeu-di – Ven-dre-di – Sa-me-di

Di-man-che –

2 Écris les mots en essayant de lever le moins possible le crayon.

Lun-di – Mar-di – Mer-cre-di

Jeu-di – Ven-dre-di – Sa-me-di

Di-man-che –

Grammaire

Unité 2

Pour aller plus loin

1 Colorie en bleu le mot **un**, en orange le mot **une**, en vert le mot **des**.

2 Découpe les dessins.

3 Colle les dessins au bon endroit.

4 Colorie **mon, ma, mes** de la bonne couleur.

un une des

C'est à moi !

mon	ma	mes

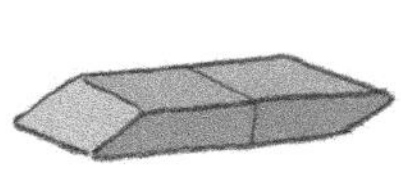
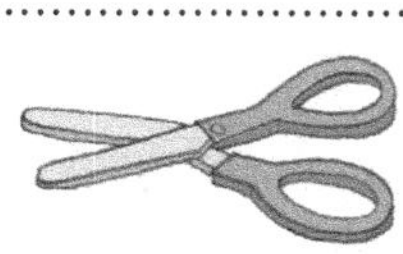

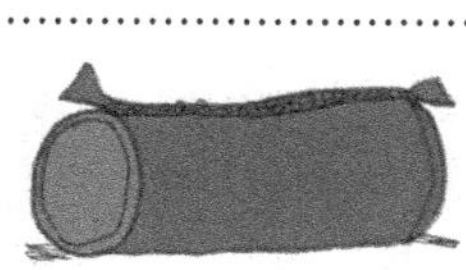
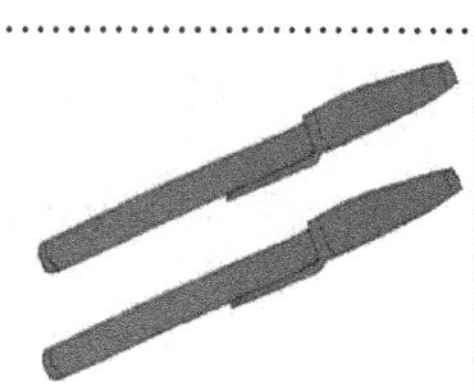
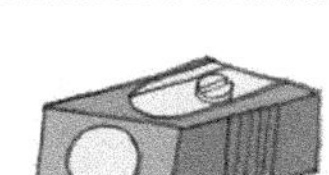

Conjugaison

Observe le verbe et complète les phrases.

Avoir
J'ai
Tu as
Il a / Elle a
Nous avons
Vous avez
Ils ont / Elles ont

Vous .... des stylos.

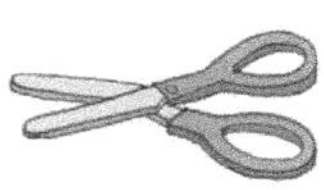

J' ....des ciseaux.

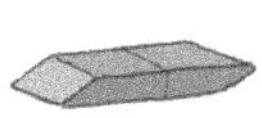

Il .... une gomme.

Tu .... un beau livre.

Nous .... des billes.

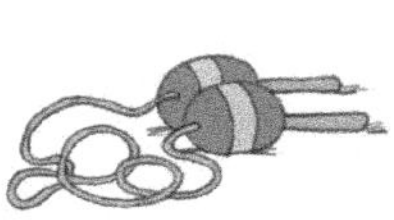

Elles .... une corde à sauter.

Perception visuelle / Lecture

Unité 3

Pour aller plus loin

1 **Observe le dessin.**
Vrai ou faux ?
Lis et entoure.

1. Léo joue avec sa petite voiture sous son bureau. ...... → **Vrai** **Faux**
2. Le cartable est sur le lit. .... → **Vrai** **Faux**
3. La trousse est dans le coffre. .... → **Vrai** **Faux**
4. Il y a des livres sur le lit. .... → **Vrai** **Faux**
5. Il y a une petite maison dans le coffre. .... → **Vrai** **Faux**

2 **Observe les dessins.**
Vrai ou faux ?
Lis et entoure.

1. Léo est entre son chien et son chat. .... → **Vrai** **Faux**
2. Maggie est sur sa tortue. .... → **Vrai** **Faux**
3. Alice a trois poissons rouges. ..... → **Vrai** **Faux**
4. Maggie a un petit oiseau bleu. .... → **Vrai** **Faux**
5. Grand-père Pierre n'a pas d'animaux. .... → **Vrai** **Faux**

Copie / Écriture

Unité 3

Pour aller plus loin

1 Recopie les trois phrases.

Tu n'as pas de frère et pas de sœur.

....

Vous avez un chat et un chien.

....

Ils habitent à la montagne.

....

2 Recopie les trois phrases.

J'ai trois sœurs.

....

Nous avons un poisson.

....

Elle habite en ville.

....

Grammaire

Unité 3

Pour aller plus loin

1 Dessine des lunettes, comme dans l'exemple.

2 Relie les phrases « oui » à Petit Oui et les phrases « non » à Petit Non.

Tu as des poissons rouges.

Ils ont un chat et un chien.

Nous n'habitons pas à la campagne.

Elle n'habite pas avec sa grand-mère.

Tu n'as pas de sœur.

Vous avez un livre dans votre cartable ?

Il a une tortue.

Nous habitons en ville.

Il y a une souris dans la chambre.

Il n'y a pas de gomme dans la trousse.

Elles n'ont pas de jardin.

Vous n'avez pas de bureau.

Conjugaison

Unité 3

Pour aller plus loin

Observe puis complète les verbes et le mot croisé.

Téléphoner	Sauter	Mimer	Écouter
Je téléphon_	Je saute	Je mime	J'écoute
Tu téléphones	**Tu saut_ _**	Tu mimes	Tu écoutes
Il téléphone	Il saute	**Il mim_**	Il écoute
Elle téléphone	Elle saute	Elle mime	**Elle écout_**
Ils téléphonent	Ils sautent	Ils miment	Ils écoutent
Elles téléphonent	Elles sautent	Elles miment	Elles écoutent
Nous téléphonons	Nous sautons	Nous mimons	Nous écoutons
Vous téléphonez	Vous sautez	Vous mimez	Vous écoutez

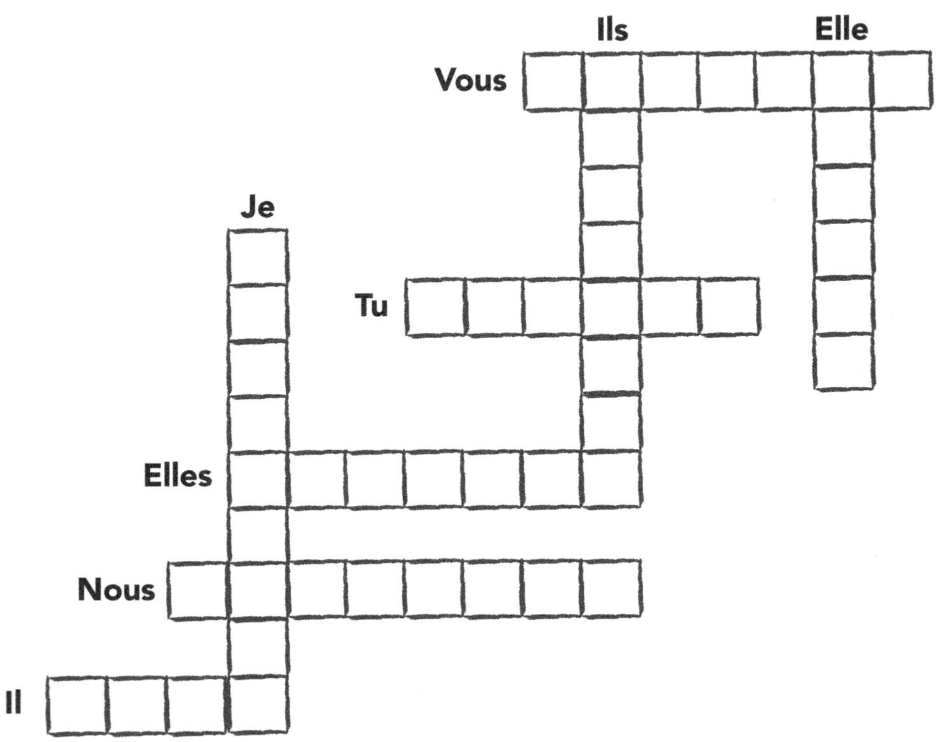

Habiter	Parler	Montrer	Chanter
J'habite	Je parle	Je montre	Je chante
Tu habites	Tu parles	Tu montres	Tu chantes
Il habite	Il parle	Il montre	Il chante
Elle habite	Elle parle	Elle montre	Elle chante
Ils habit_ _ _	Ils parlent	Ils montrent	Ils chantent
Elles habitent	**Elles parl_ _ _**	Elles montrent	Elles chantent
Nous habitons	Nous parlons	**Nous montr_ _ _**	Nous chantons
Vous habitez	Vous parlez	Vous montrez	**Vous chant_ _**

Perception visuelle / Lecture

1 Observe le dessin. Vrai ou faux ? Lis et entoure.

1. La petite Mireille a des boucles d'oreilles. **Vrai** **Faux**
2. La grand-mère est entre le père et le grand-père. **Vrai** **Faux**
3. Les trois enfants n'ont pas de chapeau. **Vrai** **Faux**
4. Le père n'a pas de lunettes. **Vrai** **Faux**
5. Le grand-père a une moustache mais pas de barbe. **Vrai** **Faux**

2 Lis et dessine.

Une fille.	Un monsieur.
Elle a des cheveux blonds.	Il a des cheveux bruns.
Elle a des boucles d'oreilles.	Il a une moustache.
Elle n'a pas de lunettes.	Il n'a pas de barbe.
Elle a un chapeau.	Il a des lunettes.
	Il n'a pas de chapeau.
	Il a une barbe à papa.

Copie / Écriture

Unité 4

Pour aller plus loin

1 Recopie les trois phrases.

J'ai mal aux yeux.

....

Nous n'avons pas mal aux oreilles.

....

Ils ont mal au doigt.

....

2 Recopie les trois phrases.

Tu as mal au ventre.

....

Vous avez mal à l'oreille.

....

Il a mal à la main.

....

Grammaire

Unité 4

Pour aller plus loin

1 Colorie en bleu le mot **le**, en jaune le mot **l'**, en orange le mot **la**, en vert le mot **les**.

2 Découpe les dessins.

3 Colle les dessins au bon endroit.

4 Colorie au, à l', à la, aux de la bonne couleur.

le l' la les

avoir mal			
au	à l' - à l'	à la	aux

Conjugaison

Unité 4

Pour aller plus loin

Observe le verbe et complète les phrases.

Être
Je suis
Tu es
Il est / Elle est
Nous sommes
Vous êtes
Ils sont / Elles sont

.... malade ?

Oui, ... malade.

.... fâchées ?

Oui, ... fâchées.

.... fatiguée.

.... sont contents.

Unité 5

Pour aller plus loin

Perception visuelle / Lecture

1 Découpe les pièces du puzzle.

2 Reconstitue le puzzle et lis.

3 Colle le puzzle dans le rectangle vide.

and pique-niq
upe les tomates a
pain sous le bras. Al
e jaune. Léo

Mons
les fourchettes su
Maggie d
Bon

r la nap
onne de la sa
appétit tout le

ique à la campagne.
avec le couteau.
Alice met

La famille Legra
Madame Legrand cou
Monsieur Legrand a le
la nappe

Léo met les verres.
alade à sa tortue.
e monde !

Copie / Écriture

Unité 5

Pour aller plus loin

1 Recopie les trois phrases correctes.

1. Je coupe les fruits.
1. Je découpe les fruits.

2. J'ajoute les bigoudis.
2. J'ajoute les biscuits.

3. Je mets les pieds dans le plat.
3. Je mets les pêches dans le plat.

....

....

2 Recopie les trois phrases correctes.

1. *Je coupe les fruits.*
1. *Je découpe les fruits.*

2. *J'ajoute les bigoudis.*
2. *J'ajoute les biscuits.*

3. *Je mets les pieds dans le plat.*
3. *Je mets les pêches dans le plat.*

....

....

Grammaire

Unité 5

Pour aller plus loin

1 Colorie en bleu le mot **le**, en jaune le mot **l'**, en orange le mot **la**, en vert le mot **les**.

2 Découpe les dessins.

3 Colle les dessins au bon endroit.

4 Colorie **du**, **de l'**, **de la**, **des** de la bonne couleur.

le l' la les

manger			
du	de l'	de la	des

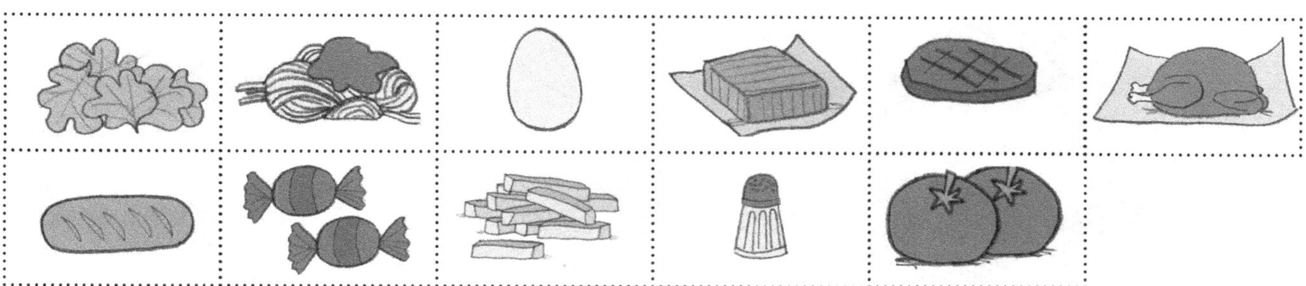

Conjugaison

Unité 5

Pour aller plus loin

Observe les verbes et complète les phrases.

Pouvoir	Vouloir
Je peux	Je v.................
Tu peux	Tu v.................
Il peut	Il v.................
Elle peut	Elle v.................
Ils peuvent	Ils veul...............
Elles peuvent	Elles veul.............
Nous pouvons	Nous voul.............
Vous pouvez	Vous voul................

Perception visuelle / Lecture

Unité 6

Pour aller plus loin

1 Découpe les pièces du puzzle.

2 Reconstitue le puzzle et lis.

3 Colle le puzzle dans le rectangle vide.

la mam...

Maggie est da...

Léo fait de la moto

...egrand est à la fête foraine.

...nt le carrousel avec

...dans le bus.

! La famille Le...

...egrand sont deva...

...nge une barbe à papa...

.... Alice est d...

...ans la fus...

avec Marie d...

Mais où est M...

Ce sont les vacances

Monsieur et madame Le...

...man de Jojo. Jojo ma...

...la fusée

...est dans le ballon.

...errière lui. Il est très content.

...arcel ?

Copie / Écriture

Unité 6

Pour aller plus loin

1 Recopie les trois phrases correctes.

1. Nous ne sommes pas en vacances. Il pleut.
2. Nous sommes en vacances à la mer. Il y a du soleil.

1. Nous sommes en vacances à la mer. Il y a du soleil.
2. Nous sommes en vacances à la montagne. Il neige.

1. Nous ne sommes pas en vacances. Il pleut.
2. Nous ne sommes pas en vacances. Il y a du soleil.

2 Recopie les trois phrases correctes.

1. Nous ne sommes pas en vacances. Il y a du soleil.
2. Nous sommes en vacances à la mer. Il y a du soleil.

1. Nous sommes en vacances à la mer. Il y a du soleil.
2. Nous sommes en vacances à la montagne. Il neige.

1. Nous ne sommes pas en vacances. Il pleut.
2. Nous ne sommes pas en vacances. Il y a du vent.

Grammaire

1 Colorie les dessins quand tu peux dire « Je voyage en … ».

2 Découpe les dessins.

3 Colle les dessins au bon endroit.

voyager	
à	en

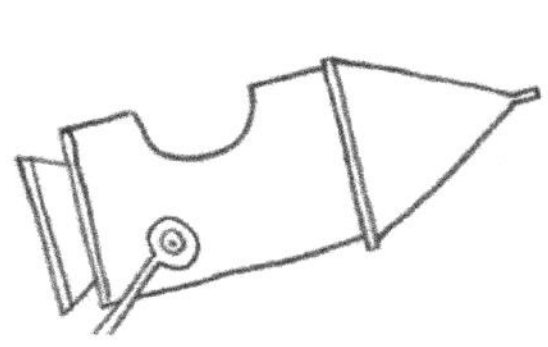

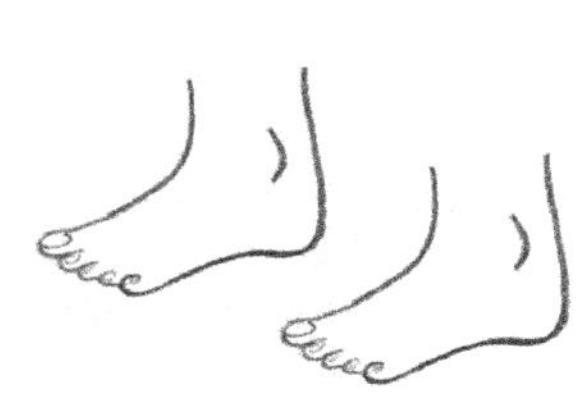
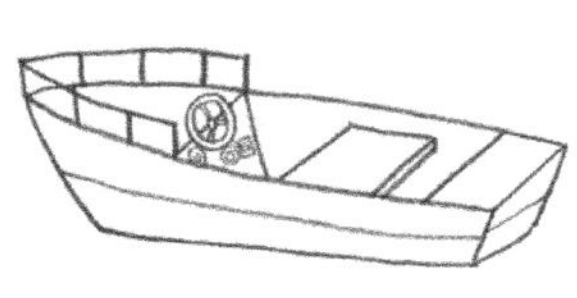

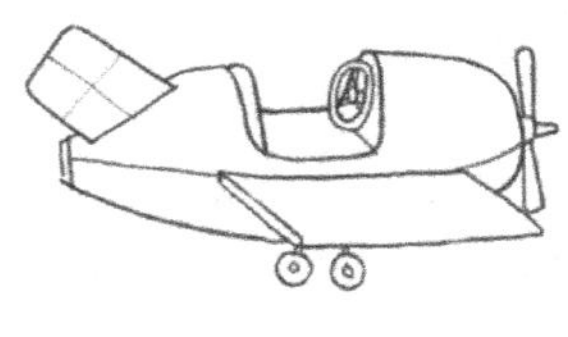

Conjugaison

Unité 6

Pour aller plus loin

Observe le verbe et complète.

Faire
Je fais
Tu fais
Il fait / Elle fait
Nous faisons
Vous faites
Ils font / Elles font

.... quel temps à Paris ?

.... beau.

Qu'est-ce que .... ?

.... du vélo.

Qu'est-ce qu' .... ?

Ils voyagent en avion.

Qu'est-ce que .... ?

Nous jouons à salade de fruits.

Qu'est-ce qu' .... ?

.... un gâteau.

Évaluation

Dans les pages suivantes, vous trouverez :
- un test oral et un test écrit par unité
- une grille d'évaluation des projets
- un portfolio
- un diplôme

● Notes

Les pages tests qui suivent sont à photocopier. Un test oral et un test écrit sont proposés par unité.
L'objectif est de faire le point sur les progrès de l'élève au niveau des compétences suivantes :
❀ Écouter : J'écoute et je comprends.
❀ Parler : Je lis et je parle. J'observe et je parle.
❀ Lire : Je lis et je comprends.
❀ Écrire : J'observe et j'écris.

● Transcriptions

Les transcriptions sont à lire aux élèves pour les tests d'écoute.
Répétez deux fois les mots ou les phrases à dire.

Unité 1
a. 1. Salut ! – 2. Au revoir ! – 3. Bonjour madame !
b. onze – six – deux – quatre – cinq – huit – neuf
c. bleu – jaune – vert – rouge – orange – violet – noir

Unité 2
a. 1. des ciseaux – 2. une gomme – 3. un crayon
b. C – R – A –Y – O – N
c. 1. Je colle. – 2. Je taille. – 3. Je gomme. – 4. Je découpe. – 5. J'écris. – 6. Je peins.

Unité 3
a. 1. J'habite en ville. – 2. Tu habites à la mer. – 3. Il habite à la campagne. – 4. Elle habite à la montagne.
b. 1. Mon animal préféré est le chien. – 2. Son animal préféré est la tortue.
c. 1. Léo est dans le jardin. – 2. Léo est dans le salon. – 3. Léo est dans la salle à manger. – 4. Léo est dans sa chambre. – 5. Léo est dans la salle de bains. – 6. Léo est dans la cuisine.

Unité 4
a. 1. Avec mes yeux, je vois. – 2. Avec mon nez, je sens. – 3. Avec mon doigt, je touche. – 4. Avec mes oreilles, j'écoute. – 5. Avec ma bouche et ma langue, je goûte.
b. 1. des lunettes – 2. une moustache
c. 1. Il est triste. – 2. Il est content. – 3. Elle est fatiguée. – 4. Elle est fâchée. – 5. Elle est malade. – 6. Elle a peur.

Unité 5
a. 1. un verre – 2. deux fourchettes – 3. trois couteaux – 4. quatre cuillères – 5. cinq assiettes
b. 1. C'est la poire qui est en trop. – 2. C'est la banane qui est en trop. – 3. C'est la cerise qui est en trop.
c. Je veux manger du poulet avec du riz et une glace.

Unité 6
a. 1. Il y a du vent. – 2. Il neige. – 3. Il pleut. – 4. Il y a de l'orage. – 5. Il y a du soleil.
b. 1. la fusée – 2. le vélo – 3. le bus – 4. le ballon – 5. la moto – 6. le camion
c. 1. Léo met son pantalon. – 2. Léo met ses chaussettes. – 3. Léo met sa veste. – 4. Léo met son T-shirt.

Unité 1

ORAL

TEST

Nom : ....

Date : ....

Note : .... / 20

A Écoute et numérote les dessins. ..... / 3

B Écoute et écris les chiffres. ..... / 7

C Écoute et colorie de la bonne couleur. ..... / 7

D Présente un enfant. Lis les questions et réponds. ..... / 3

Elle s'appelle comment ?
Elle a quel âge ?
Qu'est-ce qu'elle fait ?

Il s'appelle comment ?
Il a quel âge ?
Qu'est-ce qu'il fait ?

Elle s'appelle comment ?
Elle a quel âge ?
Qu'est-ce qu'elle fait ?

TEST

Unité 1

ÉCRIT

Nom : ....

Date : ....

Note : .... / 20

A Lis, dessine et colorie.

..... / 5

un rectangle bleu	un carré violet	un rond jaune	un rectangle orange	un triangle vert

B Lis et écris les nombres en chiffres.

..... / 5

douze	sept	trois	zéro	dix
....	....	....	....	....

C Recopie la phrase.

..... / 5

J'apprends le français.

....

D Lis et écris les nombres en lettres.

..... / 5

10	5	2	9	4
....	....	....	....	....

TEST

Unité 2

ORAL

Nom : ....

Date : ....

Note : .... / 20

A **Écoute et entoure le bon dessin.** ..... / 3

1

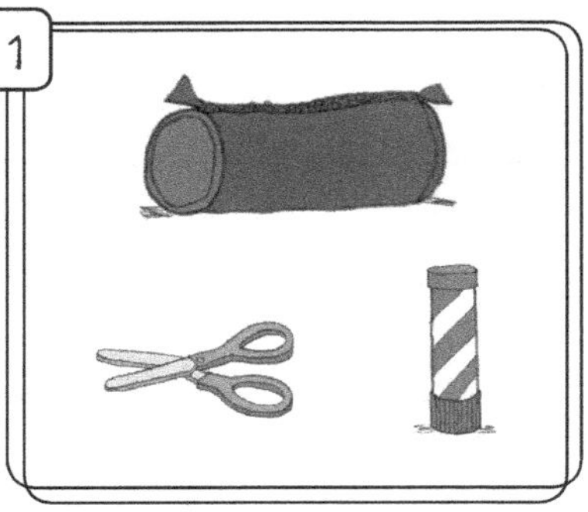

2

3

B **Écoute et écris les lettres.** ..... / 6

☐ ☐ ☐ ☐ ☐ ☐

C **Écoute et numérote les dessins.** ..... / 6

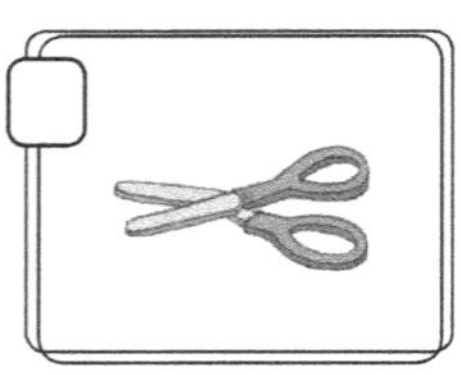

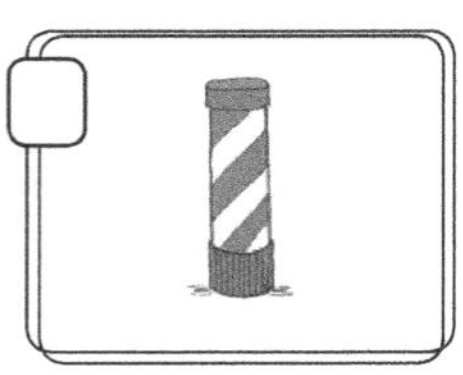

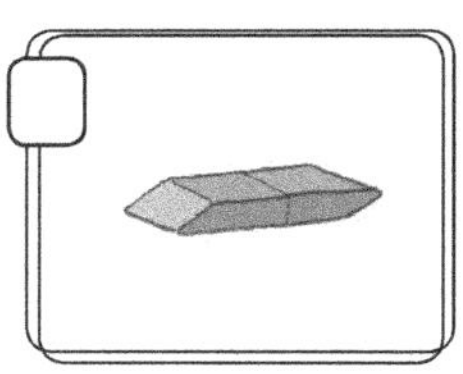

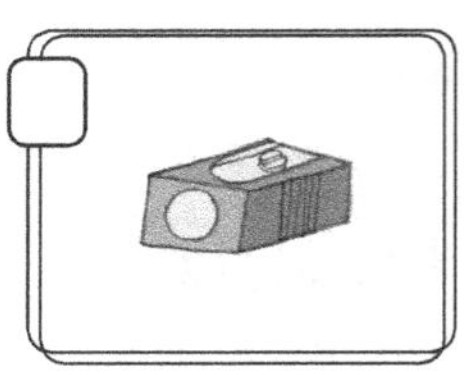

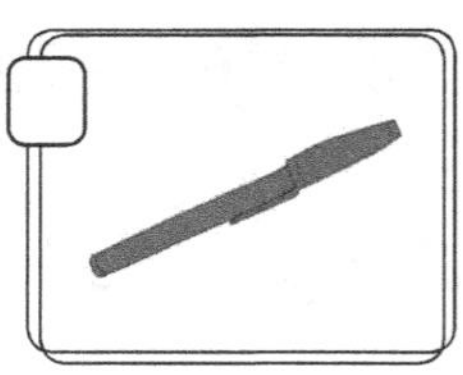

D **Dis ce que tu aimes et ce que tu n'aimes pas à l'école en t'aidant des photos.** ..... / 5

TEST

Unité 2

ÉCRIT

Nom : ....

Date : ....

Note : .... / 20

A Lis et réponds « Vrai » ou « Faux ». ..... / 5

C'est une trousse.	C'est un taille-crayon.	C'est une gomme.	Ce n'est pas un cartable.	Ce n'est pas un stylo.
	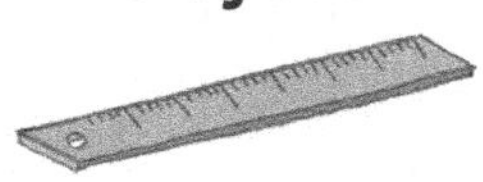	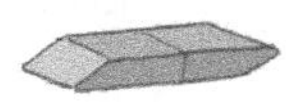		
....	....	....	....	....

B Lis et écris les nombres en chiffres. ..... / 5

quinze	vingt	treize	seize	quatorze
....	....	....	....	....

C Recopie les mots. ..... / 5

la marelle	une corde à sauter	des billes	un ballon	cache-cache
....	....	....	....	....

D Écris les cinq premiers jours de la semaine. ..... / 5

l _ _ _ _	m _ _ _ _	m _ _ _ _ _ _ _
j _ _ _ _	v _ _ _ _ _ _ _	

TEST

Unité 3

ORAL

Nom : ....

Date : ....

Note : .... / 20

A Écoute et numérote les dessins. ..... / 4

B Écoute et entoure le bon dessin. ..... / 2

1

2

C Écoute et numérote les dessins. ..... / 6

D Présente la famille Legrand. ..... / 8

Utilise les mots :

frère – sœur – père – mère – grand-père – grand-mère / mamie.

Unité 3

ÉCRIT

TEST

Nom : ....

Date : ....

Note : .... / 20

A Lis et réponds « Vrai » ou « Faux ». ..... / 4

Minami n'a pas de frère et pas de sœur. 	Pedro a deux frères. 	Maty a trois frères et une sœur. 	Hugo a deux frères. 
....	....	....	....

B Lis et dessine les animaux au bon endroit. ..... / 6

Maggie est devant un chat.	Maggie est sur une tortue.	Maggie est sous un oiseau.

C Recopie la phrase dans l'ordre. ..... / 5

est | entre | Léo | le chat. | le chien et

....

D Complète les phrases. ..... / 5

1. Léo est le .... de Maggie et Alice.
2. Alice est la .... de Maggie et Léo.
3. Luc est le .... de Léo, Maggie et Alice.
4. Jeanne est la .... d'Alice, Léo et Maggie.
5. Colette est la .... de Maggie, Léo et Alice.

Unité 4

ORAL

TEST

Nom : ....

Date : ....

Note : .... / 20

A Écoute et numérote les dessins. ..... / 5

B Écoute et entoure le bon dessin. ..... / 2

1 

2 

C Écoute et numérote les dessins. ..... / 6

D Décris Maggie, Bastien et Léo. ..... / 7

Unité 4

ÉCRIT

TEST

Nom : ....

Date : ....

Note : .... / 20

A Lis et réponds « Vrai » ou « Faux ».

..... / 6

Luc a un chapeau.	Alice n'a pas de lunettes.	Jeanne a des boucles d'oreilles. ....
Luc n'a pas de moustache.	Alice a des boucles d'oreilles.	Jeanne a des lunettes. ....

B Lis et relie là où Maggie a mal.

..... / 4

Maggie a mal à un genou.

Maggie a mal à un pied.

Maggie a mal à la tête.

Maggie a mal à une épaule.

C Complète la phrase.

..... / 5

M— gg— —   —   m—l   — —   d— —gt.

D Écris les mots.

..... / 5

 → ....

 → ....

 → ....

 → ....

 → ....

TEST

Unité 5

ORAL

Nom : ....

Date : ....

Note : .... / 20

A **Écoute et dessine.** ..... / 5

1	2	3	4	5

B **Écoute et barre.** ..... / 3

1 

2 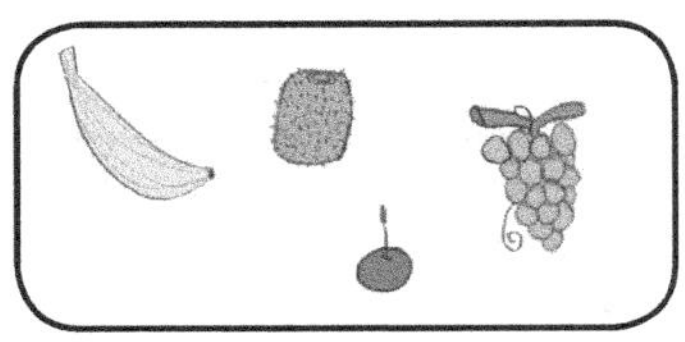

3 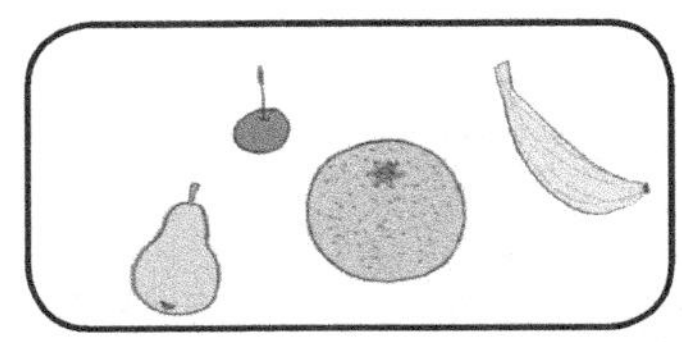

C **Écoute et coche le menu.** ..... / 6

☐ poulet ☐ poisson ☐ riz ☐ viande ☐ yaourt ☐ glace

D **Réponds aux questions avec des phrases.** ..... / 6

1. Que fait madame Legrand ?

....

2. Que mange la tortue ?

....

3. Sur quoi Léo pose les verres ?

....

TEST

Unité 5

ÉCRIT

Nom : ....

Date : ....

Note : .... / 20

A **Lis et réponds « Vrai » ou « Faux ».** ..... / 6

Alice aime ses frites avec un peu de sel.	....
Léo aime ses frites sans sel.	....
Maggie aime ses frites sans sel.	....
Alice aime son yaourt sans sucre.	....
Léo aime son yaourt sans sucre.	....
Maggie aime son yaourt avec beaucoup de sucre.	....

B **Lis et relie.** ..... / 5

une bouteille

un bol

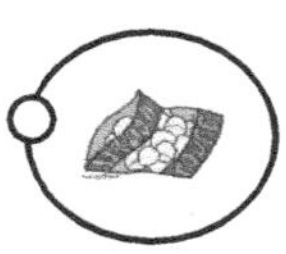

une tasse

un paquet de bonbons

un verre

C **Recopie la phrase dans l'ordre.** ..... / 5

boire ? | que | veux | Qu'est-ce | tu

....

D **Écris quatre noms de fruits.** ..... / 4

....

....

TEST

Unité 6

ORAL

Nom : ....

Date : ....

Note : .... / 20

A **Écoute et dessine la météo.** ..... / 5

1	2	3	4	5

B **Écoute et numérote le dessin.** ..... / 6

C **Écoute et numérote les dessins.** ..... / 4

D **Dis comment ils voyagent ?** ..... / 5

....

TEST

Unité 6

ÉCRIT

Nom : ....

Date : ....

Note : .... / 20

A Lis et réponds « Vrai » ou « Faux ». ..... / 6

La famille Legrand est à la mer.	La famille Legrand est à la campagne.	La famille Legrand est à Paris. ....
Il y a du soleil.	Il neige.	Il y a du vent. ....

B Lis et colorie. ..... / 4

La fusée est rose.
Le bus est jaune.
La moto est rouge.
Le vélo est marron.

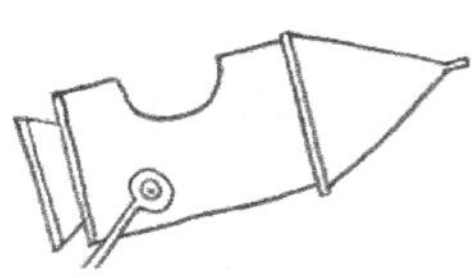

C Complète la phrase. ..... / 5

Grand-mère f _ _ t un p _ ll dans le tr _ _ n.

D Écris les mots. ..... / 5

 → ....

 → ....

 → ....

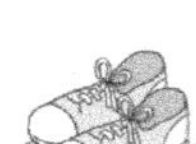 → ....

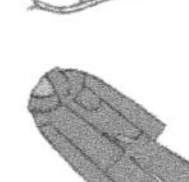 → ....

Nom : ....

Date : ....

Grille d'évaluation des projets

☐ **Le téléphone**

☐ **Le présentoir**

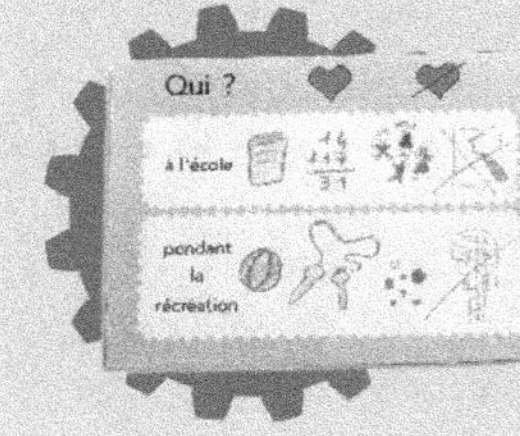

☐ **Le dépliant**

☐ **Le pantin**

☐ **La recette**

☐ **Le carrousel**

	Auto-évaluation	Évaluation ☐ camarade ☐ professeur
Ton projet	☹ 😐 ☺	☹ 😐 ☺
Tes informations	☹ 😐 ☺	☹ 😐 ☺
Ta prononciation	☹ 😐 ☺	☹ 😐 ☺
Tes phrases	☹ 😐 ☺	☹ 😐 ☺
Ta présentation	☹ 😐 ☺	☹ 😐 ☺

Mes conseils

Portfolio

Qu'est-ce qu'un portfolio ?

Le portfolio est un document qui permet de connaître le rapport aux langues de chacun de vos élèves.
Il permet à vos élèves de garder une trace des résultats de leur apprentissage.
Il contribue au développement de leur autonomie en favorisant une attitude active et confiante dans l'apprentissage du français.
Afin de renforcer cette impression, il est important de ne consigner dans ce portfolio que les réussites des élèves et donc de ne pas leur faire indiquer les échecs et les étapes en cours d'apprentissage.

Le portfolio des *Loustics 1 (niveau A1.1)* se compose de 5 parties :

– une page **Passeport** sur laquelle les élèves sont invités à se présenter.
À l'issue de l'année, vous pourrez y indiquer si l'élève a atteint ou pas le niveau attendu par votre institution.

– une page **Biographie** sur laquelle les élèves notent leurs expériences linguistiques et culturelles dans leur famille, à l'école ou ailleurs.

– six double pages **Mes réussites** sur lesquelles vos élèves recenseront leurs acquis en français.
Afin de rendre les descripteurs accessibles à vos élèves, nous avons choisi de les illustrer et de les décrire sous forme de questions (titres des leçons) ou de phrases simples (titres des *Petits docs* et des *Projets*).

– deux pages **Évaluation** : une page à photocopier à l'issue de chaque unité et une page à photocopier à l'issue du niveau 1.
Sur ces pages, les élèves sont invités à dire s'ils vous comprennent lorsque vous parlez ou écrivez en français, ce qu'ils peuvent faire en français en dehors de la méthode, ce qu'ils ont préféré dans l'unité travaillée ou le niveau 1 des *Loustics* et s'ils aiment le français.
Les parents et vous-même êtes également invités à donner votre avis sur l'implication et les résultats des élèves.
Pensez à mettre en avant leurs réussites, à les encourager.

– deux pages **Dossier**. Il s'agit des couvertures des dossiers à compléter par les élèves. La première page concerne le dossier **Mes contacts avec le français** et la seconde **Mes plus belles réussites en classe de français**.

Le **Dossier** est l'espace libre des élèves dans lequel ils répertorient des expériences concrètes.
Dans le dossier **Mes contacts avec le français**, ils peuvent, par exemple, coller leur carte d'embarquement s'ils ont voyagé dans un pays francophone, un ticket de cinéma s'ils ont vu un film francophone… Dans le dossier **Mes plus belles réussites en classe de français**, ils peuvent, par exemple, coller une photo d'eux en train de présenter un projet ou en train de participer à une saynète, la photocopie d'un texte écrit…

Année
scolaire
20........ / 20........

Passeport A1.1

LES LOUSTICS

Mon portfolio français

Mon prénom : ....

Mon nom : ....

Mon école : ....

Ma classe : ....

Mon professeur de français :

....

J'écris « bonjour » dans ma langue maternelle ou les langues que je connais.

Je me dessine ou je colle une photo de moi pendant le cours de français.

En français, je peux :	Niveau atteint en fin d'année scolaire
Écouter et comprendre	....
Dire, présenter, parler	....
Parler avec quelqu'un	....
Lire et comprendre	....
Écrire	....

Biographie

Les langues et moi

Ma vie quotidienne

Dans ma famille, je (parle) en : ....

En classe, je (parle) / j'(écris) / je (lis) en : ....

Je connais le français et ☐ ☐ ☐

J'apprends le français et ☐ ☐ ☐

Mes contacts avec des personnes d'autres pays

☐ J'ai des amis, de la famille dans d'autres pays : ....

☐ J'ai voyagé. J'ai habité différents pays : ....

☐ J'ai un(e) correspondant(e) ou des correspondants étrangers :

....

☐ Je collectionne des objets étrangers : ....

Mes contacts avec la culture d'autres pays

☐ Je connais des personnes célèbres d'autres pays : ....

☐ J'écoute de la musique et des chansons d'autres pays : ....

☐ Je regarde des films et des émissions d'autres pays : ....

☐ Je lis des bandes dessinées, des livres étrangers : ....

☐ Je connais et je mange des plats d'autres pays : ....

☐ Je connais des fêtes d'autres pays : ....

Mes réussites

Qu'est-ce qu'il fait ? Qu'est-ce qu'elle fait ?

□ □ □ □ □

PETIT DOC

La peinture préférée de Léo

□ □ □ □ □

Projet

Allô ! Appelle un ami !

□ □ □ □ □

Chanter des chansons en français seul ou avec des amis.

□ *Je te dis bonjour*

□ *1, 2, 3*

□ *Ma toupie*

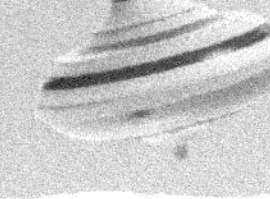

Mes réussites

Qu'est-ce que c'est ?

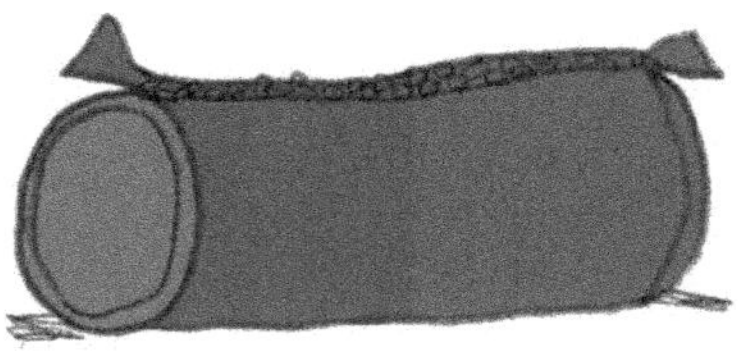

Qui fait quoi ?

Nous sommes quel jour aujourd'hui ?

Tu aimes aller à l'école ? Tu aimes lire ?

Qu'est-ce que tu aimes faire pendant la récréation ?

PETIT DOC

L'abécédaire d'Alice

Projet

Parle à partir des présentoirs de tes amis.

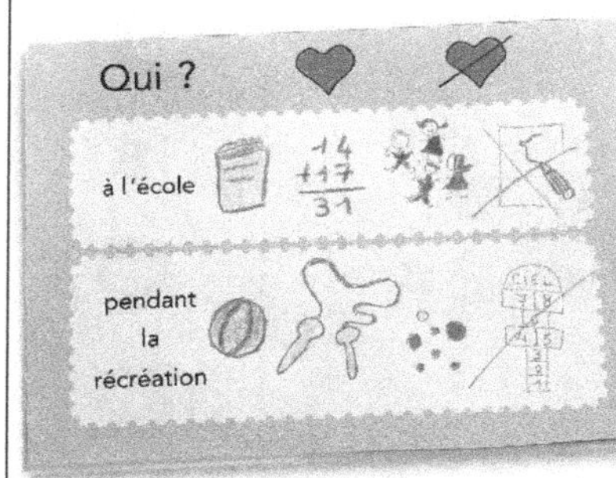

Chanter des chansons ou réciter des poésies en français seul ou avec des amis

☐ *S'il te plaît*

☐ *Mes petites mains*

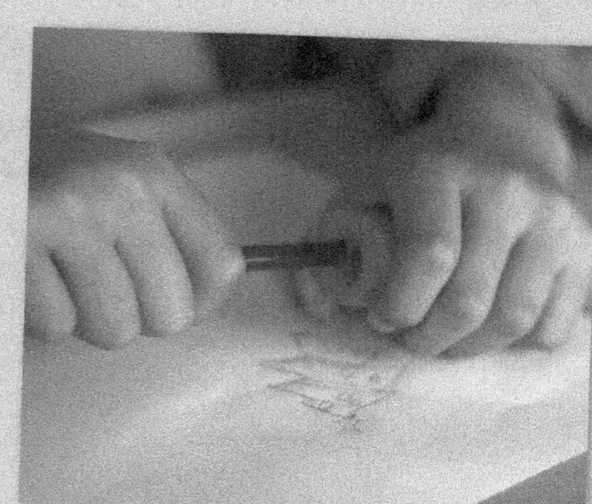

☐ *L'alphabet*

Mes réussites

PETIT DOC

La carte postale

☐ ☐ ☐ ☐ ☐

Projet

Présente ton dépliant.

☐ ☐ ☐ ☐ ☐

Chanter des chansons ou réciter des poésies en français seul ou avec des amis

☐ *Tut ! Tut !*

☐ *La famille tortue*

☐ *Quand Fanny était un bébé*

Mes réussites

PETIT DOC

Les 5 sens

Projet

Présente et décris ton pantin.

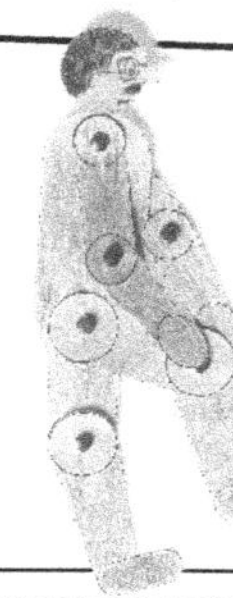

Chanter des chansons ou réciter des poésies en français seul ou avec des amis

- ☐ *Qui a un chapeau ?*

- ☐ *Tête, épaules et genoux pieds*

- ☐ *Saynète : Tu as mal où ?*

Mes réussites

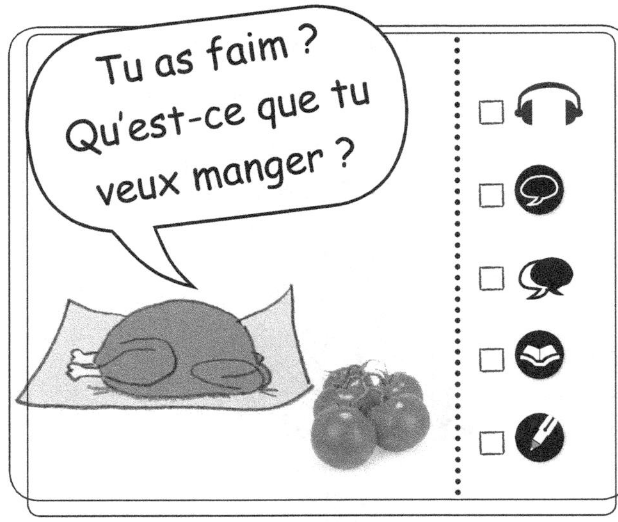

PETIT DOC

La recette

Recette
Le gâteau au fromage blanc et aux fruits de Maty

1. Écoute et réponds.
2. Regarde et nomme les fruits.
3. Écoute la recette et dis les mots que tu connais.

☐ ☐ ☐ ☐ ☐

Projet

Présente le gâteau de Maty ou une autre recette.

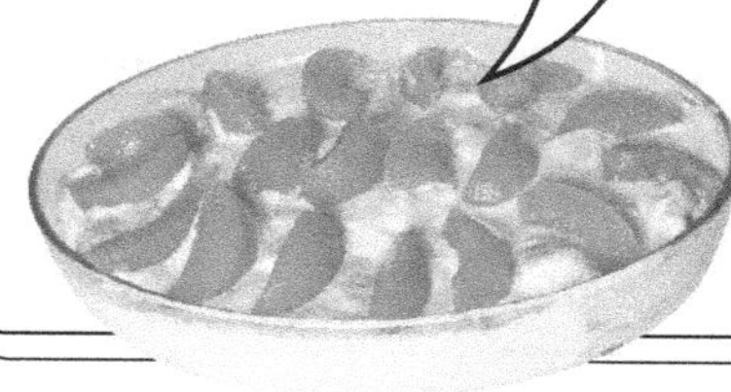

☐ ☐ ☐ ☐ ☐

Chanter des chansons ou réciter des poésies en français seul ou avec des amis

☐ *Pomme, pêche, poire, abricot*

☐ *Bon appétit*

Mes réussites

PETIT DOC

La carte météo de la France

☐ ☐ ☐ ☐ ☐

Projet

Décris ton carrousel.

☐ ☐ ☐ ☐ ☐

Chanter des chansons ou réciter des poésies en français seul ou avec des amis

☐ *Promenons-nous dans les bois*

☐ *Plic Ploc*

☐ *Saynète : Qu'est-ce qu'elle fait ?*

☐ *Le carrousel*

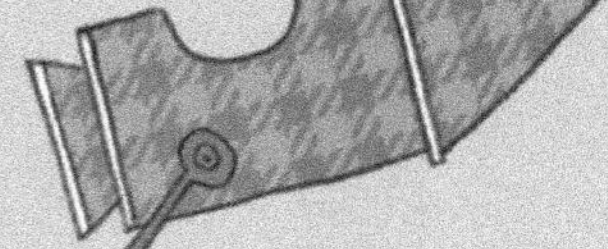

Nom : ....

Date : ....

Évaluation

Unité 1 ☐
Unité 2 ☐
Unité 3 ☐
Unité 4 ☐
Unité 5 ☐
Unité 6 ☐

Tu comprends quand je parle ou j'écris en français ?

Photo du professeur

En français, je peux aussi :

Dans cette unité, j'ai préféré :

Le français, pour moi, c'est...

Bof ! Nul !	Moyen	Bien !	Chouette !	Fantastique !

Mon professeur pense que :	**Mes parents pensent que :**

Nom : ....

Date : ....

Évaluation

Les Loustics Niveau 1

Je suis fier. En français, je peux :

Dans *Les Loustics 1*, j'ai préféré :

La leçon :

La chanson :

Le poésie :

Le jeu :

Le Petit Doc :

Le projet :

La fête :

Le français, pour moi, c'est...

Bof ! Nul !	Moyen	Bien !	Chouette !	Fantastique !

Mon professeur pense que :	**Mes parents pensent que :**

Mes contacts avec le français

Mes plus belles réussites en classe de français

Achevé d'imprimer en France par Dupli-Print à Domont (95)
Dépôt légal : Janvier 2018 - Collection n° 43 – Édition 06 - N° d'impression : 2018012704
15/5910/3

Diplôme

LES LOUSTICS

Maggie, Léo, Alice et

le professeur ....

certifiant que :

....

a réussi son année de français avec *Les Loustics 1* !

Et le/la déclarent

LOUSTIC de bronze !

MAGGIE

Léo

Alice